U0813658

SHIERWU QIJIAN
WOGUO MINZUZIZHIZHOU
FAZHANPINGGU
YU TONGBUXIAOKANG YANJIU

“十二五”期间我国民族自治州发展评估与同步小康研究

李俊杰 等／编著

民族出版社

课题组成员

主　编：李俊杰　中南民族大学副校长、博士生导师、教授

成　员：李　波　中南民族大学经济学院副院长、副教授

耿　新　中南民族大学社科处副处长、副教授

金　军　中南民族大学生科学院副书记、博士生

王　鑫　中南民族大学实验中心副研究员、博士生

马　楠　中南民族大学实验中心讲师、博士生

付寿康　中南民族大学经济学院博士生

陶文庆　中南民族大学经济学院博士生

吴宜财　中南民族大学经济学院博士生

吴启凡　中南民族大学经济学院硕士生

李晓鹏　中南民族大学经济学院硕士生

目　录

第一章　民族自治州发展的学理研究

一、民族自治州发展的学理依据和理论溯源

（一）民族自治州形成的学理依据

民族区域自治制度是指在国家的统一领导下，以少数民族聚居区为基础，建立相应的自治地方，设立自治机关，行使自治权。民族区域自治制度是中国共产党人将马克思主义民族理论与中国民族问题的实际相结合的成功创举，是我国解决民族问题的一项基本政策，是中国的一项基本的政治制度。

实行民族区域自治是中国共产党遵循马克思列宁主义关于民族问题的理论，根据中国国情，总结人民民主革命过程中民族工作的经验，于中华人民共和国建国之初确定的国策，是中国各民族人民共同选定的正确道路，是中国民主主义革命胜利后，各民族在国内实现平等、团结、联合最适当的形式。

马克思列宁主义认为，社会主义国家处理民族问题的方式方法反映了社会主义国家政治制度的性质。马列主义民族理论主张通过民族自决权和民族区域自治的政策来解决民族问题。解决民族问题

有赖于各民族平等的联合，而实现平等联合的途径和形式是由不同情况所决定的。在一般情况下，无产阶级应当坚持建立集中统一的国家，原则上反对联邦制和分离制。但是，马克思和恩格斯也强调地方自治的必要性，列宁和斯大林则把民族区域自治看作是解决民族问题的一个必要条件。[①] 马克思主义坚持民主集中制的统一的多民族国家的民族区域自治思想，对新中国选择单一制下的民族区域自治制度起了重要的指导作用。[②]

政治学中，从国家形态产生后，我国就是一个多元民族的国家共同体。一直到现在还没有出现过纯粹的单一民族建立的国家政权。在漫长的历史进程中，无论是汉族或少数民族统治者建立的统一政权，还是汉族与少数民族统治者建立的割据政权，无一例外都是多个民族构成的多民族国家共同体。因此，如何处理国内民族问题，始终是历代王朝在建立之初就面临的重要问题。中国在中央集权制的统一的多民族国家结构形成时，就出现了民族自治的制度，并且以国家制定法的形式加以授权。从“属国制”（秦汉时期）到“羁縻府州制”（唐、宋时期），再到土司制度（元明时期及清前期），以及“改土归流”，采用民族自治和民族的区域自治是解决国内民族问题的基本方式。[③]

公共管理学中的协同治理理论是一种新兴的理论，它是自然科学中的协同论和社会科学中的治理理论的交叉理论。我国是一个统

① “在一般情况下，无产阶级应当坚持建立集中统一的国家，原则上反对联邦制和分离制。但是，马克思和恩格斯也强调地方自治的必要性，列宁和斯大林则把民族区域自治看作是解决民族问题的一个必要条件。”摘自赵艳年主编：《论民族问题》，北京，民族出版社，1994。

② 王璐：《论民族区域自治制度的完善——兼论我国三代领导集体对民族区域自治的重大贡献》，新疆大学硕士论文，2004。

③ 张文山：《自治权法论》，23～30页，广西，广西人民出版社，1999。

一的多民族国家，少数民族地区是祖国版图的重要组成部分。相对于一般的社会形态和社会管理，少数民族地区具有明显的特殊性，在少数民族地区治理中存在着制度困境、地位困境、能力困境、统一化困境，基于以上困境需要协同治理。作为新兴的交叉理论，协同治理理论对于社会系统协同发展有着较强的解释力。协同治理作为治理理论的一个分支理论，具有可行性，运用协同治理理论服务于国家治理现代化，探索出一条符合中国特色的协同治理之路显得十分必要，而少数民族地区协同治理正是我国国家协同治理和国家治理现代化的有机组成部分。①

新制度经济学中诺思的诱致性制度变迁理论认为制度变迁是自下而上的，由于个体和集团受利益驱使而引发制度变迁。要实现这种制度变迁，基层的利益主体要有强烈的制度需求，重要的是得到政府的默许。强制性制度变迁是一种政府为主导的制度变迁，政府作为制度的供给者，其特点是自上而下推行的。这种制度变迁方式适合于对整体性制度的安排和对障碍比较大的旧制度的变更。民族区域自治制度从其产生和发展来看，最终作为一项正式制度确立下来是强制性制度变迁推动的。在民族区域自治制度下，自治区的变通能力不强，存在自治条例和单行条例少的情况。

法学中，发展权的基础被看成是生存权的结果。民族发展权是以各民族团结为前提，以科学发展观为指导，以民族的经济文化发展为中心，以各民族的共同繁荣、实现社会和谐、充分实现人权和基本自由为目标的权利体系。我国社会主义社会初级阶段民族工作的重点是实现和保障民族发展权问题，因为实现和保障民族发展权

① 杨胜平：《少数民族地区协同治理的价值、困境与超越》，天津大学硕士论文，2016。

关系到少数民族的生存发展，关系到中华民族的繁荣富强，关系到国家和社会的和谐发展。民族作为一个群体的发展权就是这个群体生存权的延伸，也是这个群体生存权的保证。没有发展权，民族的生存权就不可能得到保障，追求幸福生活的权利是任何一个民族不可剥夺、不可抛弃的应有权利，这项权利只能依靠发展权来实现和保障。①

民族学中，民族和谐包括民族与民族之间关系的和谐，同一民族内部人与人关系的和谐，也包括民族与自然关系的和谐。民族和谐是我国社会主义民族关系中加入的新要素，成为我国社会主义新型民族关系的本质特征之一。它既是社会主义民族关系的本质特征之一，也是建设社会主义和谐社会的必要前提和重要内容。新世纪新阶段，对于我们统一的多民族国家来讲，民族关系是一个关系到社会主义事业成败和国家安危的重大问题。民族关系与和谐社会是互为条件、相互联系、相互影响和相互制约的。我国实行民族区域自治制度，对于各民族权益保障，特别是少数民族的平等地位和平等权利保障至关重要。同时，还有利于减少或缓解民族利益和民族权益方面的矛盾，有利于民族和谐，也有利于社会和谐、有利于构建和谐社会。②

① 曾宪义：《论民族区域自治法与民族发展权保障》，载《内蒙古大学学报》（人文社会科学版），29～34页，2007（11）。

② 董强，盖守丽：《新常态下民族工作的制度保障：坚持和完善民族区域自治制度——习近平民族工作思想研究系列论文之六》，载《黑龙江民族丛刊（双月刊）》，12～20页，2016（4）。

（二）民族自治州成立的历史背景与进程

1. 自治州的建立

州作为一个行政单位，我国历史上早已有之。① 但“自治州”在旧中国历史上从未出现过。1954 年，《中华人民共和国宪法》第五十三条规定自治州是民族自治地方，可见自治州是一个法定的自治单位。② 当时把“自治州”作为民族区域自治的法定自治形式，主要是受苏联的影响。20 世纪 50 年代我国的外交政策是“一边倒”的政策，一边倒向苏联，在苏联的行政体系里有“自治州”的名称，我国历史上有“州”的行政建制，把“州”与“自治”结合在一起，就成为了“洋为我用”的范例。

1982 年《中华人民共和国宪法》第三十条再次将自治州确定为民族自治地方。③《中华人民共和国民族区域自治法》规定：“民族区域自治是在国家统一领导下，在少数民族聚居的地方实行民族

---

① 中国先秦时期就有了州的名称。据传说禹在治水成功以后，将天下划分为九州，也有尧时期将天下划分为十三州的说法。汉武帝时，为加强中央集权，在公元前 106 年（元封五年）创立刺史制度，将全国分为十三个监察区，即十三个州。监察区名称叫做州，州设刺史。东汉时，州由虚的行政监察机构变为一级政区实体，开始出现州、郡、县的三级行政区划制度，全国仍为十三州。明朝则以省（布政使司）、府、州、县的四级区划系统为主。清承明制，但州因隶属关系有不同称谓：直属于布政使司的州称直隶州，是相当于府一级的地方行政区；隶属于府的州，称散州、属州，是相当于县一级的地方行政区。

② 《中华人民共和国宪法》第五十三条规定中华人民共和国的行政区域划分如下：全国划分为省、自治区、直辖市，省、自治区划分为自治州、县、自治县、市，县、自治县划分为乡、民族乡、镇。直辖市和较大的市划分为区。自治州划分为县、自治县、市。自治区、自治州、自治县都是民族自治地方。肖蔚云，工禹，张翔编：《中国宪法学参考资料》，9 页，北京，北京大学出版社，2003。

③ 王怀安，顾明，林准，孙琬钟编：《中华人民共和国法律全书》，吉林，吉林人民出版社，1989。

区域自治，设立自治机关，行使自治权。”① 30个自治州是以一个或者几个少数民族聚居区为基础建立起来的民族自治地方。从自治州的名称看，有20个自治州是以一个少数民族聚居区为基础，有10个自治州是以两个少数民族聚居区为基础建立起来的。

民族自治州是中华人民共和国的一种地级行政区，是在中国少数民族聚居地区建立的民族自治地方，行政区划级别介于省与县之间。按照《中华人民共和国宪法》的规定，民族自治地方享受较高的自我管理权利，设人民代表大会和人民政府。30个自治州中，有28个州成立于1950—1958年，成立最早的是四川省甘孜藏族自治州（1950年），贵州省黔西南布依族苗族自治州和湖北省恩施土家族苗族自治州成立较晚，分别成立于1981年和1983年。②

2. 30个民族自治州的成立与建制概况

表1　民族自治州的成立与建制情况③

省份	自治州	成立时间及建制变更
湖南省	湘西土家族苗族自治州	1952年8月，成立湘西苗族自治区，辖吉首、古丈、凤凰、花垣、泸溪、保靖六县，代管永顺、龙山、桑植、大庸四县。 1955年4月，更名为湘西苗族自治州，辖吉首、古丈、泸溪、花垣、保靖、永顺、龙山、凤凰、桑植、大庸10县。1957年9月，更名为湘西土家族苗族自治州，辖原管10县。1982年和1985年，吉首、大庸先后改县为市。1988年12月，大庸市和桑植县划归大庸市（地级市，即今张家界市），州管辖吉首市、古丈县、泸溪县、花垣县、凤凰县、保靖县、永顺县、龙山县共1市7县，州府设在吉首市。

① 中华人民共和国民族区域自治法（单行本），2页，北京，民族出版社，2001。

② 国家民族事务委员会研究室：《“十一五”时期中国民族自治地方发展评估报告》，171页，北京，民族出版社，2012。

③ 黄元姗：《民族区域自治制度的发展与完善——以自治州自治条例为分析对象》，华中师范大学博士论文，2012。

续表一

省份	自治州	成立时间及建制变更
湖北省	恩施土家族苗族自治州	1983 年 8 月，成立鄂西土家族苗族自治州。改来凤土家族自治县为来凤县、改鹤峰土家族自治县为鹤峰县。 1993 年 4 月，更名为恩施土家族苗族自治州，辖恩施市、利川市、建始县、巴东县、咸丰县、宣恩县、鹤峰县、来凤县，2 市 6 县。州府设在恩施市。
吉林省	延边朝鲜族自治州	1952 年 9 月，成立延边朝鲜民族自治区，辖延吉、汪清、珲春、和龙、安图 5 县。 1955 年 12 月，更名为延边朝鲜族自治州，辖延吉市、延吉县、珲春县、和龙县、汪清县、安图县共 1 市 5 县。首府驻龙井镇。1958 年，敦化县划归延边管辖。1965 年，设立图们市，以原延吉县的图们镇、汪清县的石砚镇的行政区域为图们市的行政区域，州辖 2 市 6 县：延吉市、图们市、延吉县、敦化县、珲春县、和龙县、汪清县、安图县。1983 年 4 月，延吉县更名为龙井县。1985 年、1987 年、1993 年，敦化、龙井、珲春、和龙分别撤县改市。延边自治州辖 6 市 2 县，州府设在延吉市。
四川省	阿坝藏族羌族自治州	1950 年 1 月，建立四川省藏族自治区，辖小金县、大金县、茂县、汶县、松潘县、南坪县、理县、阿坝县、芦花县（1954 年改名黑水县）、若尔盖县，在绰斯甲地区建立县级行政委员会。在四土司的中心地区马尔康暂设四川省藏族自治区人民政府办事处，相当于县级，辖 11 个县、1 个县级办事处、1 个县级行政委员会。 1955 年 12 月，更名为阿坝藏族自治州，将四土司改设为马尔康县，绰斯甲行政委员会改为绰斯甲县，自治州辖 12 县。1958 年，撤茂县、汶川两县，设立茂汶羌族自治县。州辖 11 个县、1 个自治县。1960 年，撤销理县，设立红原县。大金县改名为金川县。撤绰斯甲县，并入金川、壤塘两县。州辖 9 个县、1 个自治县。1963 年，恢复南坪、汶川、理县 3 县，阿坝藏族自治州辖 1 个自治县、12 个县。1987 年 7 月，更名为阿坝藏族羌族自治州，辖马尔康、理县、茂县、松潘县、九寨沟县、黑水县、金川县、小金县、阿坝县、红原县、壤塘县、汶川县、若尔盖县。州府设在马尔康县。2015 年 10 月，马尔康县撤县建市获国务院通过。

续表二

省份	自治州	成立时间及建制变更
	凉山彝族自治州	1952 年 10 月，凉山彝族自治区成立。辖昭觉、普格、普雄、喜德、金阳、布拖、美姑 7 个县。1955 年 10 月，更名为凉山彝族自治州，辖昭觉、布拖、金阳、普格、喜德、普雄、美姑、雷波、马边、峨边、越嶲 11 县。1958 年，改瓦岗地区为瓦岗县。1959 年，越嶲县改名为越西县，呷洛县改名为甘洛县。撤销瓦岗、洪溪、布拖、普雄 4 县，将瓦岗县并入昭觉、雷波两县，洪溪县并入美姑县，布拖县并入普格县，普雄县并入越西县，州辖 10 县。1962 年，恢复布拖县，州辖 11 县。 1978 年，凉山彝族自治州迁驻西昌县，原西昌地区所属西昌、德昌、冕宁、会理、宁南、会东 6 县及盐源彝族自治县、木里藏族自治县划入凉山彝族自治州。盐源彝族自治县改为盐源县。辖 18 县、1 自治县。1979 年，由西昌县析置西昌市，属凉山彝族自治州管辖。1984 年 4 月，峨边县、马边县划归乐山地区。凉山州辖西昌市、德昌、会理、会东、越西、喜德、冕宁、宁南、普格、布拖、昭觉、美姑、甘洛、盐源、金阳、雷波、木里藏族自治县共 1 市 16 个县。州府设在西昌市。
	甘孜藏族自治州	1950 年 11 月，成立西康省藏族自治区，辖康定、甘孜、炉霍、道孚、瞻化、理化、雅江、稻城、定乡、得荣、义敦、巴安、丹巴、泰宁、九龙、泸定、白玉、德格、邓柯、石渠，共 20 个县。1952 年 12 月，色达地区和平解放，成立色达办事处。 1955 年 3 月，改称为西康省藏族自治州。1955 年 10 月，更名为四川省甘孜藏族自治州。1978 年 7 月，撤销乾宁、邓柯、义敦三县建制。1979 年以后，甘孜自治州辖康定、泸定、丹巴、九龙、雅江、道孚、炉霍、甘孜、新龙、德格、白玉、石渠、色达、理塘、巴塘、乡城、稻城、得荣 18 个县。州府设在炉城镇。2015 年，经国务院批准，同意撤销康定县，设立县级康定市。

续表三

省份	自治州	成立时间及建制变更
贵州省	黔东南苗族侗族自治州	1956年7月，黔东南苗族侗族自治州成立。1958年12月，调整行政区划，丹寨、麻江、炉山、雷山4县合并建凯里县，台江县并入剑河县，从江县并入榕江县，施秉县并入黄平县，岑巩县、三穗县并入镇远县，天柱县并入锦屏县，全州共7个县。1961年8月和1962年10月，先后恢复天柱、从江、雷山、麻江4县和施秉、三穗、岑巩、台江、丹寨5县建置，自治州辖16个县。1983年8月，撤销凯里县，建立凯里市。州辖1市15县。州府设在凯里市。
	黔南布依族苗族自治州	1956年8月，设立黔南布依族苗族自治州，州政府驻地都匀县。将原都匀专区所属都匀、独山、荔波、平塘、三都5县，原兴义专区所属望谟、册亨、安龙、贞丰4县，原贵定专区所属罗甸（原罗甸布依族自治县改设）、长顺、惠水（原惠水布依族苗族自治县改设）3县及原属安顺专区的紫云、镇宁划入黔南布依族苗族自治州。辖14县。 1957年1月，由三都县以及荔波、都匀、榕江、独山等县部分地区合并设立三都水族自治县。州辖13县、1自治县。1958年，撤销都匀县，改设都匀市。将惠水县划归贵阳市管辖；安龙、镇宁两县划归安顺专区管辖；原属安顺专区的瓮安、贵定两县划入黔南布依族苗族自治州。撤销荔波县，并入独山县；撤销平塘县，并入独山、罗甸二县；撤销紫云县，并入望漠、长顺二县；撤销贞丰县，并入兴仁县；撤销册亨县，并入安龙县。州辖1市、6县、1自治县。1961年，恢复荔波、平塘、紫云、龙里、福泉5县。州辖1市、11县、1自治县。1962年，撤销都匀市，恢复都匀县。州辖12县、1自治县。1963年，原属贵阳市领导的惠水县和原属安顺专区的贞丰、册亨、安龙3县划入。辖16县、1自治县。1965年，将安龙、贞丰、册亨、望谟4县划归兴义专区；紫云县划归安顺专区。州辖11县、1自治县。1966年，复设都匀市。州辖1市、10县、1自治县。1996年，撤销福泉县，设福泉市。2003年，州辖9个县、1个自治县、2个县级市，即都匀市、福泉市、荔波县、贵定县、瓮安县、独山县、平塘县、罗甸县、长顺县、龙里县、惠水县、三都水族自治县。州府设在都匀市。

续表四

省份	自治州	成立时间及建制变更
	黔西南布依族苗族自治州	1981 年 9 月，撤销兴义地区，设立黔西南布依族苗族自治州。同时撤销贞丰、望谟、安龙、册亨 4 个自治县，设贞丰、望谟、安龙、册亨 4 县。1987 年 11 月 6 日，撤兴义县，建兴义市。州辖 1 个县级市、7 个县、1 个开发区，即兴义市、普安县、晴隆县、兴仁县、贞丰县、安龙县、册亨县、望谟县和顶效开发区。州府设在兴义市。
云南省	西双版纳傣族自治州	1953 年 1 月，建立西双版纳傣族自治区，辖车里、镇越、佛海、南峤 4 县，思茅县的普文区，宁江县的勐阿区和勐往区，江城县的整董乡等划入西双版纳傣族自治区。 1957 年 7 月，更名为西双版纳傣族自治州，自治州人民委员会驻允景洪。1958 年，版纳景洪、版纳勐腊、版纳易武、版纳勐遮、版纳勐海分别改为景洪县、勐腊县、易武县、勐遮县、勐海县。1959 年，撤销易武县，并入勐腊县；撤销勐遮县，并入勐海县。州辖景洪县、勐腊县、勐海县 3 县。1993 年，撤销景洪县，设立景洪市，西双版纳傣族自治州辖景洪市、勐海县、勐腊县。州府设在景洪市。
	文山壮族苗族自治州	1958 年 4 月，建立文山壮族苗族自治州，自治州辖文山、马关、麻栗坡、西畴、砚山、广南、富宁、丘北 8 个县。2010 年 12 月，撤销文山县，设立文山市，自治州辖 1 市 7 县。州府设在文山市。
	红河哈尼族彝族自治州	1954 年 5 月，设立红河哈尼族自治区，将属于蒙自专区的金平、元阳、红河三县划入红河哈尼族自治区，自治区政府驻元阳县新街。 1957 年 11 月，改名为红河哈尼族彝族自治州，辖开远、蒙自、弥勒、屏边、河口、金平、建水、石屏、元阳、红河、龙武、曲溪 12 县及六村办事处。1958 年，由省直辖的个旧市划归红河哈尼族彝族自治州。自治州人民政府由蒙自县迁入个旧市。撤销开远县，并入个旧市和文山县；撤销蒙自县，并入个旧市；撤销六村办事处，其辖区及金平、元阳二县部分地区合并设立绿春县。州辖 1 市、11 县。1960 年，撤销曲溪县，并入建水县；撤销龙武县，并入开远、蒙自二县。1962 年，恢复泸

续表五

省份	自治州	成立时间及建制变更
		西县。州辖1市、12县。1963年，屏边县改设屏边苗族自治县，河口县改设河口瑶族自治县。州辖1市、10县、2自治县。1981年1月，撤销开远县，设立开远市（县级），以原开远县的行政区域为开远市的行政区域。州辖2市、9县、2自治县。1984年12月，将红河县哈阿乡梅普村划归元江哈尼族彝族傣族自治县管辖。1985年6月，撤销金平县，设立金平苗族瑶族傣族自治县，州辖2市、8县、3自治县。2010年9月，撤销蒙自县，设立蒙自市。自治州辖蒙自市、个旧市、开远市3个市及弥勒县、元阳县、红河县、石屏县、泸西县、绿春县、建水县7个县以及河口瑶族自治县、屏边苗族自治县、金平苗族瑶族傣族自治县3个自治县。州府设在蒙自市。
	德宏傣族景颇族自治州	1953年7月，德宏傣族景颇族自治区建立。 1956年5月，更名为德宏傣族景颇族自治州，辖保山、腾冲、昌宁、龙陵、潞西、梁河、盈江、莲山、陇川、瑞丽10县及畹町镇。1958年，莲山县与盈江县合并为盈江县。1963年，德宏与保山地区的建置分开，州辖潞西、梁河、盈江、陇川、瑞丽5县及畹町镇。1969年，撤销德宏州，并入保山地区。1971年，德宏州恢复建置，辖潞西、梁河、盈江、陇川、瑞丽5县及畹町镇。1985年，畹町镇改为县级畹町市。1992年，瑞丽撤县建市。1997年4月，潞西撤县建市。1999年，撤销畹町市，设立瑞丽市畹町经济开发区。至此，德宏州辖2市3县，即潞西市、瑞丽市和陇川县、盈江县、梁河县。2010年9月，潞西市更名为芒市，德宏州辖2市3县，即芒市、瑞丽市及梁河县、盈江县、陇川县。州府设在芒市。
	怒江傈僳族自治州	1954年8月，成立怒江傈僳族自治区，辖碧江、福贡、贡山、泸水4县。 1957年4月，改怒江傈僳族自治区为怒江傈僳族自治州。1986年9月，撤销碧江县建制，将原碧江县的古登、洛本卓两个区划归泸水县，架科底、子利甲、匹河3个区划归福贡县。1987年11月，设立兰坪白族普米族自治县，以原兰坪县行政区域为兰坪白族普米族自治县的行政区域。1988年，改兰坪县为兰坪白族普米族自治县。州府设在泸水县的六库镇。

续表六

省份	自治州	成立时间及建制变更
	迪庆藏族自治州	成立于1957年9月，辖中甸县、德钦县和维西傈僳族自治县。州府设在中甸县的建塘镇。2001年12月，中甸县更名为香格里拉县。2014年12月，撤销香格里拉县，设立香格里拉市。
	大理白族自治州	1956年11月，大理白族自治州正式成立。州辖1市、12县、2自治县，即下关市及大理、凤仪、漾濞、祥云、宾川、弥渡、永平、云龙、邓川、洱源、剑川、鹤庆12县，巍山彝族自治县、永建回族自治县。 1958年，州内县级行政区划进行了大幅度调整，全州辖1市、4县、1自治县。撤销云龙县，并入永平县；撤销下关市及大理、凤仪、漾濞3县，合并设立大理市；撤销宾川、弥渡2县，并入祥云县；撤销邓川、洱源2县，并入剑川县；撤销巍山彝族自治县、永建回族自治县，合并成立巍山彝族回族自治县。1961年，撤销大理市，恢复下关市及大理（含凤仪）、漾濞、洱源（含邓川）、云龙、弥渡、宾川6县建置，全州辖有1市、10县、1自治县。1963年9月，经国务院批准，成立南涧彝族自治县。1965年，析巍山彝族回族自治县南部3个区，正式成立南涧彝族自治县。全州辖1市、10县、2自治县。1983年，撤销下关市、大理县，合并设立大理市。1985年，漾濞县改为漾濞彝族自治县。至1988年，全州辖1市、8县、3自治县，即大理市、漾濞彝族自治县、祥云县、宾川县、弥渡县、南涧彝族自治县、巍山彝族回族自治县、永平县、云龙县、洱源县、剑川县、鹤庆县。州府驻大理市。
	楚雄彝族自治州	1958年4月，楚雄彝族自治州成立，建州前并盐兴县入广通县，同年又合并楚雄、南华、牟定、双柏4县为楚雄县，合并姚安、大姚、盐丰、永仁4县为大姚县，合并罗次、禄丰、广通3县为禄丰县，合并武定、元谋2县为武定县，划富民县归昆明市。1959—1961年，先后恢复永仁、姚安、南华、双柏、牟定、元谋6县。1983年9月，改楚雄县为楚雄市，形成9县1市的格局，即楚雄市、牟定县、南华县、双柏县、姚安县、永仁县、元谋县、大姚县、武定县、禄丰县。州府设在楚雄市。

续表七

省份	自治州	成立时间及建制变更
甘肃省	临夏回自治州	1956 年 11 月，临夏回族自治州成立，辖临夏市、临夏县、永靖县、康乐县、和政县、广河县、东乡族自治县、积石山保安族东乡族撒拉族自治县。州府设在临夏市。
	甘南藏族自治州	1953 年 10 月，甘南藏族自治区成立，辖夏河、玛曲、碌曲、卓尼、迭部、临潭、舟曲 7 县和合作县。州府设在合作镇。 1955 年 7 月，更名为甘南藏族自治州。1995 年，合作县改为合作市，自治州辖夏河、玛曲、碌曲、卓尼、迭部、临潭、舟曲、合作 7 县 1 市。州府设在合作市。
青海省	海北藏族自治州	1953 年 12 月，设立海北藏族自治区，辖亹源回族自治区（县级）、祁连县、刚察县、海晏县，自治区人民政府驻亹源回族自治区浩亹镇。 1955 年 6 月，海北藏族自治区改设海北藏族自治州，亹源回族自治区改设亹源回族自治县。自治州辖海晏县、刚察县、门源回族自治县、祁连县、青海湖农场、同宝牧场。州府设在海晏县的西海镇。
	黄南藏族自治州	1953 年 12 月，设立黄南藏族自治区（地级），自治区人民政府驻同仁县隆务寺，辖尖扎、同仁、泽库 3 县。 1955 年 5 月，更名为黄南藏族自治州。1954 年 10 月，成立河南蒙族自治区（县级）。1955 年 6 月，改称河南蒙族自治县。1959 年 1 月，原由省直辖的循化撒拉族自治县、河南蒙族自治县由黄南州代管。1962 年 12 月，循化撒拉族自治县又恢复省直属地位。1964 年，原由省直辖、委托黄南藏族自治州代管的河南蒙族自治县更名为河南蒙古族自治县。1987 年，设李家峡行委（县级）。2002 年，撤销李家峡行委。自治州辖同仁县、尖扎县、泽库县、河南蒙古族自治县。州府设在同仁县隆务镇。
	海南藏族自治州	1953 年 12 月，设立海南藏族自治区。 1955 年 6 月，改称海南藏族自治州。1979 年 3 月，随龙羊峡水电站的建成，成立龙羊峡办事处，后改为龙羊峡行政委员会，为州政府派出的县级机构。2002 年 7 月，撤龙羊峡行政委员会，建龙羊峡镇。至此，海南州共辖共和、贵德、兴海、贵南、同德 5 县。州府设在共和县的恰卜恰镇。

续表八

省份	自治州	成立时间及建制变更
	果洛藏族自治州	1954 年 1 月，果洛藏族自治区成立。 1955 年 7 月，改名为果洛藏族自治州。自治州下辖玛沁、班玛、甘德、达日、久治、玛多 6 县。州府设在玛沁县的大武镇。
	玉树藏族自治州	1951 年 12 月，成立玉树藏族自治区，辖称多、囊多 2 县；撤销玉树县建制。1952 年，恢复玉树县建制，由玉树藏族自治区领导。玉树藏族自治区辖 3 县。1953 年，由玉树、囊谦 2 县西部地区合并设置扎朵县。1954 年，原扎朵县改为杂多县，由玉树县部分地区设治多县，原由省直辖的曲麻莱区改设曲麻莱县，划入玉树藏族自治区。 1955 年 7 月，改名为玉树藏族自治州，辖玉树、称多、囊谦、杂多、治多、曲麻莱 6 县。州府设在玉树县结古镇。
	海西蒙古族藏族自治州	1949 年 11 月，成立都兰县人民政府（驻地察汗乌苏），辖今海西州全境，直隶青海省。1952 年 9 月，撤销都兰县，设立县级都兰县蒙藏哈萨克族自治区。1954 年 1 月，改建为专区级海西蒙藏哈萨克族自治区（驻察汗乌苏）。 1955 年 12 月，更名为海西蒙藏哈萨克族自治州。1963 年 8 月，撤销柴达木行政委员会，全部由海西州管理，称海西蒙古族藏族哈萨克族自治州。1984 年 5 月，全州的哈萨克族自愿要求，并经中央及国务院同意，全部迁返新疆。1985 年 5 月，更名为海西蒙古族藏族自治州。海西州现辖 3 县 2 市及 3 个行政委员会，分别是德令哈市、格尔木市、都兰县、乌兰县、天峻县、大柴旦行政委员会、冷湖行政委员会、茫崖行政委员会。州府设在德令哈市。
新疆维吾尔自治区	昌吉回族自治州	1954 年 7 月，成立昌吉回族自治区，辖昌吉、乌鲁木齐、米泉 3 县。1955 年 3 月，改名为昌吉回族自治州。 1958 年 5 月，乌鲁木齐专区撤销，将乌鲁木齐专区所属玛纳斯县、呼图壁县、阜康县、吉木萨尔县、奇台县、木垒哈萨克自治县划归昌吉回族自治州，连同原 3 个县，共 9 个县。1959 年 11 月，乌鲁木齐县划归乌鲁木齐市管辖。昌吉回族自治州共辖木垒、奇台、吉木萨尔、阜康、米泉、昌吉、呼图壁、玛纳斯

续表九

省份	自治州	成立时间及建制变更
		8个县。1983年7月，昌吉县建制撤销，成立昌吉市。1992年11月，阜康县建制撤销，成立阜康市。1996年12月，米泉县建制撤销，成立米泉市，2007年12月，撤销米泉市，成立米东新区，划归乌鲁木齐市管辖。州府设在昌吉市。
	巴音郭楞蒙古自治州	1954年6月，设立巴音郭楞蒙古自治州，辖焉耆、和静、和硕3县。 1960年12月，库尔勒专署并入巴音郭楞蒙古自治州，州府由焉耆迁址库尔勒，自治州辖库尔勒、轮台、尉犁、若羌、且末、焉耆、和静、和硕8县。1970年4月，设置博湖县。1979年10月，成立库尔勒市。1983年，将库尔勒县并入库尔勒市，形成8县1市格局。州府设在库尔勒市。
	克孜勒苏柯尔克孜自治州	1954年7月，克孜勒苏柯尔克孜自治州成立，隶属于新疆省。1955年10月，隶属于新疆维吾尔自治区。自治州辖1市3县，即阿图什市、阿克陶县、乌恰县、阿合奇县。州府设在阿图什市。
	博尔塔拉蒙古自治州	1954年7月，成立了专署级的博尔塔拉蒙古自治区，首府设在博乐县城，辖博乐、精河、温泉三县。 1955年2月，改博尔塔拉蒙古自治区为博尔塔拉蒙古自治州。1985年，撤销博乐县，成立博乐市。自治州辖博乐市、精河县、温泉县、阿拉山口口岸行政管理区。州府设在博乐市。
	伊犁哈萨克自治州	1954年11月，设立伊犁哈萨克族自治州，伊宁市改为伊犁哈萨克族自治州辖市，伊犁哈萨克族自治州辖伊犁、塔城、阿勒泰3个专区。 1955年，撤销伊犁专区，原伊犁专区所属伊宁、绥定、霍城、新源、巩留、尼勒克、特克斯、昭苏8县和察布查尔锡伯族自治县（原察布查尔锡伯族自治区改设）改由伊犁哈萨克族自治州直辖。1957年，伊宁县驻地迁吉里圩孜。1965年，绥定县改名为水定县。1966年，撤销水定县，并入霍城县，霍城县迁驻水定镇。1975年，设立伊犁地区，属伊犁哈萨克自治州领导。伊犁地区驻伊宁市。原由伊犁哈萨克自治州直辖的伊宁市

续表十

省份	自治州	成立时间及建制变更
		和伊宁、尼勒克、新源、巩留、特克斯、昭苏、霍城7县和察布查尔锡伯自治县划归伊犁地区。1979年，撤销伊犁地区，所属的伊宁市、伊宁县、尼勒克县、新源县、巩留县、特克斯县、昭苏县、霍城县、察布查尔锡伯自治县划归伊犁哈萨克自治州管辖。1984年9月，国务院批准设立伊犁地区，辖原伊犁哈萨克自治州直辖的伊宁市、伊宁县、尼勒克县、新源县、巩留县、特克斯县、昭苏县、霍城县、察布查尔锡伯自治县，驻地伊宁市。1985年，伊犁地区正式成立。2001年，撤销伊犁地区。伊犁州是全国唯一的既辖地区又辖县市的自治州，管辖塔城地区和阿勒泰地区，直辖3个县级市、7个县、1个自治县：伊宁市、奎屯市、霍尔果斯市、伊宁县、察布查尔锡伯自治县、霍城县、巩留县、新源县、昭苏县、特克斯县、尼勒克县。州府设在伊宁市。

二、民族自治州发展的重要意义

民族自治州是我国实行民族区域自治政策的重要层级和单位，是我国地方政府重要而特殊的组成部分，对各自治州发展水平进行综合评估无疑具有重要的理论与现实意义。

在党的民族政策光辉照耀下，全面建成小康社会，一个民族都不能少、一个地区都不能少。自治州是我国全面建成小康社会的重点、难点和短板，自治州与发达地区还有很大差距，自治州在发展中面临着自我造血不足、区位条件制约明显、交通基础设施建设仍然落后、脱贫攻坚任务异常艰巨、人与自然矛盾依然突出、实现长治久安任重道远等重点、难点问题。民族自治州要紧紧跟上全面建成小康社会的步伐，要实现和全国其他地区的同步小康，就必须实现跨越式发展。[①]

（一）理论意义

我国是一个多民族国家，多民族是我国的一大特色，也是我国发展的一大有利因素。民族地区的社会治理是构建“现代国家治理体系”的重要组成部分。我国已悄然进入了“治理时代”，并且面临着前所未有的管理变革和政策创新。民族地区的社会治理无疑应该成为我国中央政府，尤其是少数民族地区各级政府关注的重要内容之一。[②] 少数民族地区社会治理和社会稳定问题是我国的公共管理学研究热点之一，运用协同治理理论的基本框架和基本方法指导少数民族地区的社会治理，理顺协同治理理论的基本脉络和固有价值，进一步认识协同治理的理论困境和实践困境，建立健全社会管理机制，创新少数民族地区社会管理体制，将有助于提高少数民族地区的社会治理水平，系统总结社会治理经验，研究存在的问题和对应的解决措施，对于提高少数民族地区的社会治理水平、维护长治久安具有非常重要的现实意义。

党和国家把民族区域自治作为解决我国民族问题的基本政策，是根据马列主义关于民族问题的理论原则，结合我国具体的历史条件和现实情况（民族情况）而决定的。[③] 民族区域自治是马列主义解决民族问题的一个重要原则，是多民族民主国家的一项普遍原则。

本课题研究的理论意义在于探索了我国民族自治州的经济发展

---

① 巴特尔：《奋勇争先，确保自治州如期全面建成小康社会》，载《中国民族报》，2016－9－16（1）。

② 张继焦：《民族地区社会治理研究动态》，载《民族论坛》，2015（3），5～9页。

③ 图道多吉：《中国民族理论与实践》，太原，山西教育出版社，2001。

模式，丰富了区域经济学和民族经济学在实践中的应用，并反过来丰富了区域经济学和民族经济学的相关理论，尤其是将区域经济学和民族经济学相结合，用于解决民族自治州发展问题，增加了民族经济学的应用性。本课题有针对性地将民族因素与区域因素有效结合，将理论与实践相结合，对促进民族自治州全面小康具有较强的理论参考意义。

（二）现实意义

民族自治州的发展，对于贯彻落实党的民族政策，维护少数民族群众的自治权利，实现各民族共同繁荣发展和全面建成小康社会，具有重要的现实意义。①

1. 从我国社会发展和进步来看，民族自治州经济社会的发展关系到我国社会主义现代化建设和全面小康的全局

我国共有30个民族自治州，分别位于吉林、湖南、湖北、云南、四川、贵州、甘肃、新疆、青海9个省区，大多位于省级结合部的边界区域，国土总面积为227.4万平方千米，占我国陆地国土总面积的24%，实行区域自治的少数民族18个，总人口达5676万，少数民族人口占58.7%，占全国总人口的4.3%。30个自治州分布的区域广，面积大，少数民族的民族种类多、人数多，在我国现代化建设和全面建成小康社会的全局中占有重要地位。

2. 从国家安全来看，民族自治州经济发展和社会稳定对我国边境安全与稳定具有深远影响

30个民族自治州中，有9个民族自治州坐落在我国陆地边境线

① 里澜：《民族自治州如何在"十二五"时期实现跨越式发展》，载《中国民族报》，2010-11-12。

上，边境线总长度7158千米，占全国陆地边境线的1/3。从东北往西北、西南方向，分别为吉林的延边州，新疆的昌吉州、克孜勒苏州、伊犁州，云南的红河州、文山州、怒江州和西双版纳州，沿着漫长的边境线与朝鲜、俄罗斯、蒙古、哈萨克斯坦、吉尔吉斯斯坦、塔吉克斯坦、老挝、缅甸、泰国、越南10个国家接壤。[①] 民族自治州还有很多民族为跨境民族，如延边朝鲜族自治州的朝鲜族、西双版纳傣族自治州的傣族。边境少数民族地区的稳定、少数民族的团结和谐，直接关系到我国边境地区发展稳定大局。

3. 从生态文明建设来看，民族自治州是国家生态安全和建设体系中不可或缺的一环，发挥着不可替代的作用

30个民族自治州大多处于生态资源丰富、地理环境复杂的地区，同时当地又面临着生态脆弱、破坏严重、恢复难度大等问题。如西双版纳傣族自治州保存着我国最完整的热带雨林，举世闻名的三江源保护区主要位于青海省的玉树州、果洛州、海南州、黄南州4个民族自治州境内。2008年，环境保护部和中国科学院联合编制了《全国生态功能区划》，根据各生态功能区对保障国家生态安全的重要性，初步确定了50个重要生态服务功能区域，30个民族自治州几乎全部包括在内。

4. 从民族团结和宗教关系来看，民族自治州的民族团结是全国各民族大团结的重要基础，民族自治州的宗教和谐是全国宗教和谐的重要保障

30个民族自治州中除主体民族外，还生活着许多其他民族，各民族共同居住，共同生活，和谐相处。他们共同维护多民族国家

① 金英顺：《民族自治州经济社会发展状况及政策建议》，载《中国国情国力》，2010（7），30页。

的统一，创造了丰富多彩的文化，是中华民族大家庭中的重要一员。同时，民族自治州是宗教工作的重点地区，在很多民族自治州，宗教对当地民众的生活产生了深远的影响。

全面建成小康社会，一个民族都不能少，一个地区都不能少。进入“十三五”，自治州面临的发展机遇前所未有，要牢固树立并切实践行“五大发展理念”，全面贯彻落实党的民族政策和中央有关决策部署，不断深化重点领域改革和激发内生动力，着力解决结构不合理问题，筑牢生态安全屏障，不断扩大对内对外开放，坚决打赢脱贫攻坚战，力争在体制机制创新、构筑各民族共有精神家园、兴边富民强国睦邻、建设美丽中国、实施“一带一路”战略等方面走在前列，确保与全国同步建成小康社会。①

三、民族自治州发展模式与经验借鉴

民族不能脱离一定的环境而存在。任何民族都必须立足于特定的地域，作用于一定的环境，并随着其生存环境的改变而改变。社会存在决定社会意识，民族自治州的自然地理环境不同，历史文化与人文环境有差异，经济社会发展的程度不平衡，决定了各自治州发展的模式不一样，形成的发展经验也不同。

李俊杰、朴永日运用主成分分析法，对我国 30 个民族自治州发展水平进行综合评估并排序，在此基础上，对 30 个州进行聚类分析，聚类结果显示：延边州为发展绝对优势区，湘西、阿坝等 7 个州为相对优势区，恩施、凉山、甘孜、黔东南等 17 个州为相对

① 巴特尔：《奋勇争先，确保自治州如期全面建成小康社会》，载《中国民族报》，2016－9－16（1）。

劣势区，临夏、黄南等5个州为绝对劣势区。①

韩文海等学者采用跨案例分析的形式，从资源禀赋、地域特点与特色文化3个维度，以延边、伊犁、红河3个少数民族自治州为重点考察样本，以其他27个自治州为辅助考察样本，系统梳理与比较分析了30个少数民族自治州的综合竞争力。在此基础上提出：基于发展战略模式的自治州综合竞争力提升路径为“特色资源/能力→发展战略模式→跨州合作与协同→自治州竞合共赢→综合竞争力提升”。跳出单纯竞争思维的束缚，从竞合的层面考虑自治州之间竞争与合作并存的发展路径。②

杨玉文根据各自治州的民族特点、区域特点、发展依托、所属主体功能区、发展机制五个维度，将自治州划分为五类经济发展类型。③ 一是人力资本驱动，内生式发展。以东北的延边朝鲜族自治州为代表，其特征表现为：人力资本驱动力强，经济增长与生态环境保护并行，经济社会发展水平高。二是开放带动，临边外向型发展。以西北的伊犁哈萨克自治州为代表，其特征表现为：地缘优势附加交通运输优势，背靠国家战略，发挥政策优势，外向型经济强力助推地方发展。三是产业拉动，四化联动发展。以西南的红河哈尼族彝族自治州为代表，其主要特征表现为：以工业园区为载体做大做强支柱产业，经济效益与生态效益并重，以求发展的可持续性，四化联动带动全自治州协调发展。四是扶贫开发，特色产业优先发展。以西北的甘南藏族自治州为代表，将扶贫开发、特色产业

① 李俊杰，朴永日：《民族自治州发展水平评估及比较研究》，载《西南民族大学学报》（人文社会科学版），2013（4），118～122页。

② 韩文海，马林，刘亚峰：《少数民族自治州综合竞争力提升研究——基于发展战略模式的视角》，载《大连民族学院学报》，2014（4），426～429页。

③ 杨玉文：《民族地区经济发展模式与特征》，载《中国民族报》，2015－2－27（6）。

化扶贫做为贫困山区农民增收脱贫的重要途径，充分利用和开发本地特色自然资源，深度挖掘本地特色人文、生态资源，特色产业与三次产业融合发展。五是生态移民，保护性开发模式。以西北的玉树藏族自治州为典型代表，玉树州环境脆弱不宜居，为保护三江源生态环境，州内资源开发项目基本叫停，生态移民加保护性开发成为有效发展模式，生态移民成为玉树州的明智选择。

郑长德依据《全面建设小康社会统计监测指标体系》评估了30个民族自治州全面小康社会建设进展。从经济发展、社会和谐、生活质量、文化教育4个方面，按10个指标逐项将30个自治州的全面小康程度分为三类：已实现小康的州、实现程度超50%的州、实现程度在50%以下的州。分析表明：30个州全面小康社会进程很不平衡，地处连片特困地区的自治州全面小康的任务比较重。经济发展的短板是城镇化，生活质量的短板是如何持续稳定增收，文化教育的短板是如何发展文化产业和提高居民受教育程度。2020年要全面建成小康社会，必须促进自治州经济社会跨越式发展。一是走跨越式发展之路，确保增长速度高于全国平均水平。二是增长动力机制转换，由要素和资源开发驱动逐步转向效率驱动。三是禀赋结构升级，继续加强资本投资，进一步提升禀赋的质量与结构。四是产业结构升级，延伸产业链，利用“互联网+”，提高产业的附加值。五是扶贫开发，坚持两轮驱动，把整体推进和把握精准相结合、扶贫开发和农村最低生活保障制度相结合，实现贫困户和贫困人口稳定脱贫。六是改革地方政府绩效考核方式。七是全面深化改革，构建和完善包容性制度。①

① 郑长德：《中国民族自治州全面建成小康社会进展评沽与对策研究》，载《青海民族研究》，2016（1），176～183页。

综上所述，民族自治州在发展模式的选择上必须符合自身特点。由于各自治州生产力发展水平以及地理环境、自然秉赋、文化背景等方面差异大，决定了各州的产业结构、消费结构、市场结构、生产方式、主导产业等方面应各有特色，其发展模式必须与各州增长要素、禀赋条件和发展环境相匹配，才能强化比较优势，弱化劣势，并在未来的发展中获得持续、强劲的动能。

“十二五”时期，自治州各项事业取得了显著成绩，呈现出产业结构不断优化、发展条件大幅改善、民生事业持续改善、重点领域改革不断深化、对外开放水平稳步提高、生态建设扎实推进、民族团结进步和社会和谐稳定的良好局面，积累了既坚定信心又实事求是、既自力更生又善于争取、既解当务之急又谋长远之策、既发挥优势特色又保持开放进步、既追求跨越式发展又确保长治久安的宝贵经验，值得认真总结、学习借鉴。

第二章　民族自治州发展的评估方法与指标体系

自治州发展，包括国民经济发展、社会保障与安全、人民生活质量、科教文卫事业发展、资源与环境发展等涉及民族自治州经济与社会发展重要相关的方方面面，因此必然要求在评价体系构建中力求全面、突出重点，评价方法与模型选择要科学合理，同时鉴于课题组在前期承担国家民委科研项目中，涉及“十一五”自治州发展评价和2012年自治州发展评价的研究内容，因此在确保科学合理的同时，也为了保证评价工作的延续性和可对比性，民族自治州“十二五”评估方法仍然选用主成分分析法。关于方法选用和指标体系，课题组在“十一五”自治州发展评价和2012年自治州发展评价的课题研究中已经进行了详细的阐述，在此不再赘述，仅就核心内容进行说明和补充。

一、评估的基本原则

在对自治州“十二五”发展水平进行发展评价时，应遵循以下原则：

（1）一致性原则。在数据可获得性的基础上，尽可能使自治州的评价指标体系与自治区的保持一致，30个自治州的指标高度一致。由于自治州部分数据受客观条件的限制，难以及时获取，很难保证能全面获取30个自治州的所有评价指标数据，因此我们在指标体系的整体框架中进行了取舍和替代，以确保30个自治州评价指标体系的一致性，使得评价结果具有横向的可比性。

（2）全面性原则。全面评价自治州国民经济和社会发展，科学评估自治州发展内部差异及与全国其他省市的比较，准确定位30个自治州的排名位次以及所处阶段，并基于分项指标的评估结果全面剖析自治州整体发展背后的具体动因。

（3）可比性原则。指标体系中所使用的数据，主要来源于公开发表的各年度统计年鉴，尽量采用可定量的相对数量指标（人均指标、比率指标或均值指标），因此评价结果不仅能准确反映各自治州发展的真实水平，而且基于均值指标的评估，其结果在整体和分项指标结果上具有非常强的可比性。

（4）客观公正性原则。在数据可获得性的基础上，评价采用公开数据，并进行大量的甄别和核实，使数据更加客观、真实。评价采用主成分分析及因子分析方法，较好地解决了指标计量单位、指标性质、数量级以及指标权重的问题，使评价结果更加客观、合理。

（5）综合性原则。随着国家政策重心逐步向可持续发展、和谐社会、科学发展的转移，人们对地区发展关注的重点已逐步扩展到了多层面的研究。因此，除了经济发展指标以外，还需要从涉及民族地区民生的社会保障、关于可持续发展的资源与环境等方面进行综合评价。

（6）静态与动态相结合的原则。在自治州发展评估体系中既要有反映现实的经济发展状况等方面的静态指标，也要有反映资源环境基础等方面的动态指标，比如反映资源利用变化的耕地面积指数。自治州发展评价必须充分考虑静态的现实表征变化，也要反映影响变化发展的动态方面，进行静态和动态相结合的评价，才能科学、准确地反映发展的真实情况。

二、评价方法比较与选择

鉴于民族自治州的发展具有明显的现实客观性，评价体系较为全面、系统，涉及经济发展、社会保障、资源环境等方面的众多因素及其反映指标。每个因素和指标都在一定程度上反映了国民经济和社会发展的重要方面，且各项指标彼此之间具有一定的相关性，因而统计数据指标所反映的信息必然在一定程度上有重叠，评价体系中指标变量多，层次关系复杂。因此，为了得到更为客观的评价结果，必须要降低评估体系的维度，从错综复杂的评估指标体系中，抽取一些主要成分，以便有效地利用大量统计数据，进而对自治州发展进行有效评估分析，因此本研究中采用主成分的评估分析方法。

多指标（因素）问题研究，由于不同指标之间存在一定相关性，必然会增加分析问题的难度。运用主成分分析法，就可以在不损失变量原有信息的前提下，通过降维的方法，将原来众多具有一定相关性的指标，组合成新的少数几个相互独立的综合指标，并根据实际需要从中选取较少的几个具有代表性的综合指标，尽可能全面地反映原来指标的信息。其基本步骤如下。

（一）原始数据标准化处理

由于各指标的含义不同，指标值的度量单位也不同，各指标的量纲各异。为了消除由于量纲的不同可能带来的一些不合理的影响，在进行主成分分析之前要先对数据进行标准化处理，即将原始数据处理成均值为0、方差为1的标准分析数据。其标准化计算公式为：

$$t_{ij}=\frac{x_{ij}-\overline{x_j}}{\sqrt{\text{var}\ (x_j)}},\ (i,\ j=1,\ 2,\ \cdots,\ k)$$

$$\overline{x_j}=\frac{1}{n}\sum_{i=1}^{n}x_{ij},\ \text{var}\ (x_j)\ =\frac{1}{n-1}\sum_{i=1}^{n}\ (x_{ij}-\overline{x_j})^2$$

式中，t_{ij}表示标准化以后的数据；x_{ij}为原始数据；$\overline{x_j}$表示第 j 个指标的平均数；$\sqrt{\text{var}\ (x_j)}$ 为标准差。

（二）标准化指标的相关系数矩阵

$$R=\begin{bmatrix}1 & R_{12} & \cdots & R_{1K}\\ R_{21} & 1 & \cdots & R_{2K}\\ \cdots & \cdots & 1 & \cdots\\ R_{K1} & R_{K2} & \cdots & 1\end{bmatrix},\ (i,\ j=1,\ 2,\ 3,\ \cdots,\ k)$$

（三）计算系数矩阵的特征根

计算相关系数据矩阵 R 的特征根 λ_i（i=1，2，…，k）和特征向量 $u_i=(u_1,\ u_2,\ \cdots,\ u_m)$。

根据特征方程 $|R-\lambda_i|=0$，计算特征根 λ，并使其从大到小排列：$\lambda_1\geqslant\lambda_2\geqslant\cdots\geqslant\lambda_k\geqslant0$。

（四）计算方差贡献率与累计贡献率

计算各主成分的方差贡献率 e_i 及累积贡献率 E。

其计算公式为：$e_i = \frac{\lambda_i}{\sum_{i=1}^{k}\lambda_i}$，$E = \frac{\sum_{i=1}^{m}\lambda_i}{\sum_{i=1}^{k}\lambda_i}$

e_i 为第 i 个主成分的贡献率，该值越大，则说明该主成分概括各指标数据的能力越强；m 为全部主成分个数。

（五）选取主成分个数

在实践中比较通行的确定主成分个数方法的原则有以下几种：①$E \geqslant 85\%$ 准则。E 表示前 k 个主成分的累计贡献率，即从原 k 个变量中提取的信息量，若已达到全部信息量的绝大部分（通常大于 85%），即可以认为，前 m 个主成分已基本反映了原变量的主要信息，取前 m 个变量足以说明问题。②$\lambda_m > \lambda$ 准则。先计算特征根 λ_m 的均值 λ，然后将之与 λ_m 比较，选取 $\lambda_m > \lambda$ 的前 m 个成分作为主成分。由标准化数据的相关矩阵 R 求得的 $\lambda = 1$，因此只要取 $\lambda_m > 1$ 的前 m 个主成分即可。所得主成分为：

$$F_1 = L_{11}x_1 + L_{12}x_2 + \cdots + L_{1m}x_m$$
$$F_2 = L_{21}x_1 + L_{22}x_2 + \cdots + L_{2m}x_m$$
$$\cdots$$
$$F_m = L_{m1}x_1 + L_{m2}x_2 + \cdots + L_{mm}x_m$$

其中 F_1、F_2、…、Fm 依次为第 1 主成分因子、第 2 主成分因子，直至第 m 主成分因子。

（六）计算主成分的得分并计算综合得分

将标准化数据带入以上方程组，可得各评价对象的主成分得分，然后在其基础上，以方差贡献率为权数按照以下公式计算综合得分。

$$F=\left(\frac{\lambda_i}{\sum_{i=1}^{m}\lambda_i}\right)F_m,\ (i=1,\ 2,\ 3,\ \cdots,\ n)$$

对综合得分 F_i，我们按 $\left[10.1+\frac{x_i-x\min}{x\max-x\min}(99.1-10.1)\right]$，计算出其综合评价值。综合得分越高，说明系统水平越高，反之说明水平越低。

主成分分析法的分析步骤比较规范，整个过程可以通过软件处理，各原始指标的权属不带人为主观意识，比较客观、科学，便于提高评估结果的可靠性和准确性，因此我们运用主成分分析法进行评价。

在研究多变量问题时，描述某种区域特征的可选指标往往比较多，而这些指标又常常相互关联，给研究带来了很大不便。在具体研究过程中，选取指标过多不但会增加研究难度，而且会导致问题复杂化。选取指标过少又可能会导致对研究对象影响较大的指标未能入选，进而影响结果的可靠性。主成分方法是解决这一问题的较为理想的多元统计工具。

假定有 n 个区域，有 p 个指标反映某一综合区域特征，这 p 个指标反映了 n 个区域的差异。主成分分析统计上的处理就是将原来 p 个指标作为线性组合，从这 p 个指标中提取 m（$m<p$）个综合指标，让它仍能基本反映原来 p 个指标所包含的信息量，记为 F_1、F_2……F_m，我们希望 F_1 包含原来的信息最多，即 var（F_1）最大。如果主成分 F_1 不足以有效地反映原有信息，我们再依次选择 F_2、F_3……F_m，直到原有信息被足够地反映出来。

在具体分析过程中，前几个主成分就可以代表我们所研究区域的主要的相关特征（一般我们以这几个主成分的累积贡献率达到 85% 为标准），通过对这几个主成分的进一步分析和计算，达到我们最初的综合分析和评价的目的。这样，既减少了指标的数量，又有效区分了区域间的差异性。

三、评估指标选择与体系构建

（一）指标体系的构建原则

指标体系的设计是否科学、恰当，直接关系到民族自治州“十二五”发展评估的科学性。这就要求指标体系不仅要客观、合理，而且要尽可能全面地反映出自治州“十二五”时期发展的方方面面。自治州“十二五”发展评估指标体系不是一系列指标的简单堆积和随意组合，而是相互关联的有机综合系统。因此，在设计指标体系选构时应遵循以下基本原则。

（1）系统性原则。指标体系的设计应能系统地综合反映自治州“十二五”的总体发展状况和特点，因此，指标体系的选构上必须综合、系统地考虑其全面性与差异性，避免指标之间的相互重叠，最大限度地降低指标之间的相关性。

（2）科学性原则。指标内容的选择、指标权重的确定、指标体系结构的构建等都要有科学的依据，尽可能客观、真实地反映自治州“十二五”发展的状态以及各个子系统之间的协调程度。

（3）区域性原则。区域特征是自治州发展中的一大特色，尤其是自治州，是我国实行民族区域自治政策的重要层级和单位，相对于其他区域发展而言，具有较大的差异性和明显的独特性。因此，在设计指标体系时，要注意反映自治州所在区域的社会经济与环境的发展特点，充分体现自治州发展的特色与侧重点，合理、恰当地做出相应的调整。

（4）可操作性原则。指标内容简单明了，容易理解，并且具有较强的可比性，此外，指标的基础数据要容易获取，要能够通过一般统计和调查获取，并能在较大程度上保证指标数据的可信度和横向可比性。

（5）动态性原则。指标设计不仅要能够反映自治州“十二五”发展状态，更重要的是要根据状态，把握其发展的主观核心和客观基础。因此，指标的选择要充分考虑自治州发展的动态变化特点，从而更客观和准确地描述、刻画与度量自治州发展的真实状态。

（二）指标体系的构建思路

“十二五”时期民族自治州发展评估指标体系是指构成指标的各个要素及其之间逻辑组合关系和表达形式。只有将这些分散选取的具体指标进行科学的建构，才能将它们排列组合成完整、合理的综合体系，从而真实地描述和评价“十二五”时期民族自治州发展的状态和水平。

“十二五”时期民族自治州发展评价指标体系共分为三个层次。

一级目标层：评价指标建立的最终目标，定量测评“十二五”时期民族自治州国民经济和社会发展的综合水平。

二级系统层（分目标层）：以“十二五”时期自治州发展的五大方面，即经济发展方面、社会保障方面、生活质量方面、科教文卫方面、资源环境方面做为分目标层，即系统层。

三级指标层：每个系统层下设立若干指标，共31个指标。

（三）指标体系的设计内容

“十二五”时期民族自治州发展评估是由其国民经济和社会发展的内部相关联的不同属性子系统相互交织、相互作用、相互渗透，并不断协调、完善而构成的具有特定结构和功能的综合系统，若将这个子系统解剖开来，“十二五”时期民族自治州发展评价指标体系应该包括以下五个方面：经济发展方面、社会保障方面、生活质量方面、科教文卫方面、资源环境方面。①

1. 经济发展方面

民族自治州的经济发展是我国国民经济和社会发展的重要方面，也是民生改善和社会进步的重要依赖途径，还是发展评估的重要因素，更是我国民族工作的根基和核心。具体选择充分反映经济发展水平和结构的相关指标有：①人均 GDP，反映整体发展水平；②人均地方财政收入；③经济密度；④人均固定资产投资，反映未来经济增长潜力；⑤第一产业所占比重；⑥第二产业所占比重；⑦第三产业所占比重。

2. 社会保障方面

社会保障是具有经济福利性的国民生活保障和社会稳定系统，能充分反映维护社会公平，进而促进社会稳定发展的程度。社会保障是经济发展和社会进步的重要检验标准，同时也是建设和谐社会的重要方式。选择指标主要有：①基本养老保险覆盖率；②医疗保障覆盖率；③失业保险覆盖率；④人均最低生活保障支出。

3. 生活质量方面

生活质量是国民经济和社会发展目标的最终体现，直接反映国民政策与经济发展的结果，是以人为本的科学发展观贯彻落实成效的重要体现，更是民生改善、国民经济和社会发展的重要检验标准。涉及的主要评价指标有：①城镇居民人均可支配收入；②农村

① 《中华人民共和国国民经济和社会发展第十一个五年规划纲要》，新华网，2006 年 3 月 16 日。

居民人均纯收入；③城镇恩格尔系数；④乡村恩格尔系数；⑤城镇人均建筑面积；⑥农村人均住房面积：⑦公路旅客周转量，反映居民出行方便程度；⑧人均社会消费品零售总额，反映居民消费状况；⑨每百户电话拥有量，反映居民信息通畅与信息资源使用情况。

4. 科教文卫方面

科技是促进社会经济增长的关键性因素，科技指标是衡量地区经济发展质量与潜力的重要方面。科技教育与文化卫生是提升人力资本的重要途径，是一个地区人力资源素质的重要衡量标准，也是地区发展的重要基础和保障，同时也是民族地区发展潜力的重要体现，因此应该是自治州发展评估的重要衡量方面。主要指标包括：①十万人授权专利；②生均教育经费支出；③电视人口覆盖率；④每万人文化馆数；⑤每万人报纸印数；⑥每千人病床数；⑦每万人卫生机构人员。

5. 资源环境方面

资源与环境是支撑经济发展和人民生活改善不可或缺的要素之一，是社会经济发展和人民生活的重要关联支撑。一切发展和生产活动的开展都是建立在资源与环境利用的基础之上，而环境与经济和社会发展同时存在促进和抑制的双重效应。资源与环境状况不仅影响经济发展的现状，更决定着国民经济和社会发展的质量和未来发展的态势和潜力。加快经济发展是民族地区面临的迫切问题，但经济发展也受到资源环境的约束。民族地区能源和资源的高消耗以及由此造成的环境污染和生态破坏，已成为制约民族地区可持续发展的突出障碍。本研究拟选择的具体指标包括：①单位 GDP 能耗；②工业废水排放达标率；③耕地面积指数；④森林覆盖率。

通过对指标的层层筛选，构建出自治州发展评估的指标体系。

（见表 2－1）

表 2－1 “十二五”时期自治州发展评估指标体系

指标分类	序号	指标名称	单位	备注	预期作用方向
A. 经济发展	1	人均 GDP	元/人	反映经济发展水平	+
	2	人均地方财政收入	亿元	反映经济总量	+
	3	经济密度	万元/平方千米	反映经济发展质量	+
	4	人均固定资产投资	万元	反映经济增长潜力	+
	5	第一产业所占比重	%	反映经济结构	−
	6	第二产业所占比重	%	反映经济结构	+
	7	第三产业所占比重	%	反映经济结构	+
B. 社会保障	8	基本养老保险覆盖率	%	反映社会保障情况	+
	9	医疗保障覆盖率	%	反映医疗保障情况	+
	10	失业保险覆盖率	%	反映就业的保障程度	+
	11	人均最低生活保障支出	%	反映贫困人口保障程度	+
C. 生活质量	12	城镇居民人均可支配收入	元	可支配收入越高，生活质量越高	+
	13	农村居民人均纯收入	元	可支配收入越高，生活质量越高	+
	14	城镇恩格尔系数	%	反映城镇居民生活消费质量	−

续表

指标分类	序号	指标名称	单位	备注	预期作用方向
	15	乡村恩格尔系数	%	反映农村居民生活消费质量	-
	16	城镇人均建筑面积	平方米	反映城镇居民居住质量	+
	17	农村人均住房面积	平方米	反映农村居民居住质量	+
	18	公路旅客周转量	人千米	反映农村居民出行便利程度	+
	19	人均社会消费品零售总额	元	反映居民消费的实际状况	+
	20	每百户电话拥有量	部	信息通畅情况	+
D. 科技教育与卫生	21	每十万人授权专利	件	科技开发实力	+
	22	生均教育经费支出	元	反映教育情况	+
	23	电视人口覆盖率	%	信息保障情况	+
	24	每万人文化馆数	个	反映居民文化活动	+
	25	每万人报纸印数	张	反映居民信息获取	+
	26	每千人病床数	张	反映医疗保障程度	+
	27	每万人卫生机构人员	个	反映医疗保障程度	+
E. 资源与环境	28	单位 GDP 能耗	吨标准煤/万元	能源利用效率	-
	29	工业废水排放达标率	%	反映环境污染状况	+
	30	耕地面积指数	%	耕地资源变动情况	+
	31	森林覆盖率	%	反映环境状况	+

第三章　“十二五”期间民族自治州概况

少数民族自治州是我国实行民族区域自治政策的重要层级和单位，是我国地方政府重要而特殊的组成部分。目前，全国有 30 个少数民族自治州，分别位于吉林、湖南、湖北、云南、四川、贵州、甘肃、新疆、青海 9 个省区。其中，云南辖 8 个，青海辖 6 个，新疆辖 5 个，贵州和四川两省各辖 3 个，甘肃辖 2 个，吉林、湖北、湖南三省各辖 1 个。30 个自治州国土总面积 227. 4 万平方千米，占我国陆地国土总面积的 24%，有 10 个自治州位于边境，占我国 2. 2 万千米陆地边界线的 1/3 强。实行区域自治的少数民族 18 个，有 19 个民族与境外同一民族跨境而居，占我国跨境民族总数的一半以上。30 个自治州基本成立于 20 世纪 50 年代，其中有 28 个州成立于 1950—1958 年，成立最早的是四川省甘孜藏族自治州（1950 年），贵州省黔西南布依族苗族自治州和湖北省恩施土家族苗族自治州成立较晚，分别成立于 1981 年和 1983 年。除伊犁哈萨克自治州为副省级级别，其他 29 个州均属地级行政区。我国民族自治州分布特征主要以省级结合部边界区域为主，集中分布于天山、横断山脉、昆仑山、祁连山之间的地方，武陵山脉、雪峰山、长白山及其延伸处。

一、自治州区位环境特征

延边朝鲜族自治州（简称延边州）。成立于1952年9月3日，位于吉林省东部，所辖面积4.27万平方千米，州府设在延吉市。延边地处中、俄、朝三国交界，东与俄罗斯滨海边疆区接壤，南隔图们江与朝鲜咸镜北道、两江道相望。边境线总长787.7千米。其中，中朝边境线541.7千米，中俄边境线246千米。延边濒临日本海，图们江是我国通向日本海的唯一水上通道。延边最东端的珲春防川，距日本海仅15千米。以珲春为核心，在直线距离不到200千米的周边，分布着俄、朝等国10个优良港口。公路方面，吉珲铁路客运专线、长图铁路、东北东部铁路通道、长珲及汪延高速公路等重要交通干线横贯东西，连通南北。海运方面，开通了珲春—俄罗斯扎鲁比诺—韩国束草国际陆海联运航线、珲春经朝鲜罗津港至上海（宁波）的内贸货物跨境运输航线。航空方面，开通了至北京、上海、广州、深圳和韩国首尔、朝鲜平壤、俄罗斯符拉迪沃斯托克等多条国内、国际航线。

恩施土家族苗族自治州（简称恩施州）。成立于1983年8月19日，是我国最“年轻”的自治州，也是湖北省唯一的少数民族自治州。位于湖北省西南部，东连荆楚，南接潇湘，西临渝黔，北靠神农架，国土面积2.4万平方千米，辖恩施、利川两市和建始、巴东、宣恩、来凤、咸丰、鹤峰六县，州府设在恩施市。恩施州属亚热带季风性山地湿润气候，冬少严寒，夏无酷暑，雨量充沛，四季分明；海拔落差大，小气候特征明显，垂直差异突出，“一山有四季，十里不同天”。境内年均气温16.2℃，年平均降水量1600毫米。

湘西土家族苗族自治州（简称湘西州）。位于湖南省西北部，地处湘、鄂、黔、渝四省市交界处。1952年8月成立湘西苗族自治区，1955年改为湘西苗族自治州，1957年9月成立湘西土家族苗族自治州，现辖7县1市165个乡镇，国土面积1.55万平方千米，州府设在吉首市。湘西州地处云贵高原北东侧与鄂西山地结合部，武陵山脉由东北向西南斜贯全境，地势东南低、西北高，属中国由西向东逐步降低的第二阶梯东缘。西部与云贵高原相连，北部与鄂西山地交颈，东南以雪峰山为屏障，武陵山脉蜿蜒于境内。

甘孜藏族自治州（简称甘孜州）。成立于1950年11月24日，位于四川省西部，青藏高原东南缘。总面积15.3万平方千米。全州辖康定、泸定、丹巴、九龙、雅江、道孚、炉霍等18个县（市），下辖325个乡（镇）2679个行政村，州府设在康定县炉城镇。甘孜州地处祖国最高一级阶梯向第二级阶梯云贵高原和四川盆地过渡地带，属横断山系北段川西高山高原区，青藏高原的一部分。

凉山彝族自治州（简称凉山州）。成立于1952年10月1日，位于四川省西南部，北起大渡河，与雅安市、甘孜州接壤，南至金沙江，与云南省相望，东临云南省昭通市和四川省宜宾市、乐山市，西连甘孜州，地处北纬26°03′—29°18′，东经100°03′—103°52′之间，是全国最大的彝族聚居区，四川省内民族类别和少数民族人口最多的地区，自古就是通往祖国西南边陲的重要通道，是古“南方丝绸之路”必经之地。

阿坝藏族羌族自治州（简称阿坝州）。成立于1953年1月1日，位于四川省西北部，紧邻成都平原，北部与青海、甘肃省相邻，东、南、西三面分别与绵阳、德阳、成都、雅安、甘孜等市（州）接壤。全州国土面积80.42万平方千米，州府设在马尔康县。

阿坝州地处青藏高原东南缘，横断山脉北端与川西北高山峡谷的结合部，地貌以高原和高山峡谷为主。东南部为高山峡谷区，中部为平原区，西北部为高原区。

黔东南苗族侗族自治州（简称黔东南州）。成立于 1956 年 7 月 23 日，位于贵州省东南部，地跨东经 107°17′20″—109°35′24″，北纬 25°19′20″—27°31′40″。东与湖南省怀化地区毗邻，南和广西壮族自治区柳州、河池地区接壤，西连黔南布依族苗族自治州，北抵遵义、铜仁两市。全境东西宽 220 千米，南北长 240 千米，总面积 30337.1 平方千米，占全省总面积的 17.2%，州府设在凯里市。全州辖凯里市和麻江、丹寨、黄平、施秉、镇远等 15 个县，凯里 1 个国家级经济开发区，炉碧、金钟、洛贯等 9 个省级经济开发区。

黔南布依族苗族自治州（简称黔南州）。成立于 1956 年 8 月 8 日，位于贵州省中南部，东与黔东南州相连，南与广西壮族自治区毗邻，西与安顺市、黔西南州接址，北靠省会贵阳市。全州总面积为 2.62 万平方千米，南北长 249.5 千米，东西宽 207.6 千米，州府设在都匀市。黔南州属于典型的亚热带温暖湿润的季风气候，年平均气温 13.6℃～19.6℃，平均降雨量 1100～1400 毫米，冬无严寒，夏无酷暑，雨热同季。

黔西南布依族苗族自治州（简称黔西南州）。成立于 1981 年 9 月，位于贵州西南部，南邻广西壮族自治区，西邻云南省，国土面积为 1.68 万平方千米，州府设在兴义市。黔西南州属亚热带季风湿润气候，年均温 14.0℃～19.0℃，年降水量为 1100～1500 毫米。由于河谷深切，相对高差悬殊，热量资源在不同高度上差异较大，“十里不同天”的气候特点在不少地方较为明显，构成了不少典型的立体气候区域。

西双版纳傣族自治州（简称西双版纳州）。成立于 1953 年 1 月

24日，位于北纬21°10′—22°40′，东经99°55′—101°50′，处于北回归线以南的热带北部边沿。国土面积有19124.5平方千米，东北、西北与普洱市接壤，东南与老挝相连，西南与缅甸接壤，国境线长966.3千米。州内最高点是勐海县勐宋乡的滑竹梁子，海拔2429米；最低点是澜沧江与南腊河的会合处，海拔477米。

德宏傣族景颇族自治州（简称德宏州）。成立于1953年7月24日，地处祖国西南边陲，云南省西部，东和东北与保山地区龙陵、腾冲两县相邻，南、西和西北与缅甸联邦接壤；国境线长达503.8千米，全州东西最大横距122千米，南北最大纵距170千米，总面积1.15万平方千米，州首府设在潞西市芒市镇。德宏州为南亚热带季风气候类型，冬无严寒，夏无酷暑；雨量充沛，干湿分明；气温年较差小，霜日少；年降雨量1400~1700毫米。

怒江傈僳族自治州（简称怒江州）。成立于1954年8月23日，位于云南省西北部，怒江中游，是中缅和滇藏的结合部，有长达449.5千米的国界线。怒江州北接西藏自治区，东北临迪庆藏族自治州，东靠丽江市，西南连大理白族自治州，南接保山市，总面积14703平方千米，州府设在泸水县六库镇。

大理白族自治州（简称大理州）。成立于1956年11月22日，位于云南省中部偏西，地跨东经98°52′—101°03′、北纬24°41′—26°42′之间。东临楚雄州，南靠普洱市、临沧市，西与保山市、怒江州相连，北接丽江市。州府驻地大理市下关，距昆明市331千米。大理州国土总面积2.95万平方千米，山区面积占总面积的93.4%，坝区面积占6.6%。东西最大横距320多千米，南北最大纵距270多千米。是闻名于世的电影《五朵金花》的故乡。

迪庆藏族自治州（简称迪庆州）。成立于1957年9月13日，是云南省唯一的藏族自治州。迪庆州位于青藏高原伸延部分南北纵向排列的横断山脉，滇、藏、川三省（区）结合部，地处金沙江、澜沧江、怒江三江并流国家级风景名胜区腹地，澜沧江和金沙江自北向南贯穿全境。全州国土面积2.39万平方千米，北与西藏自治区昌都地区相连，东与四川省甘孜州和凉山州相连，州府设在香格里拉市。

红河哈尼族彝族自治州（简称红河州）。成立于1957年11月18日，位于云南省东南部，北靠昆明，南接越南，与越南有848千米的边境线，有河口、金水河两个国家一级口岸。位于东经101°47′—104°16′，北纬22°26′—24°45′之间，辖区面积32931平方千米，东西最大横距254.2千米，南北最大纵距221千米，最高海拔为金平县西隆山3074米，最低海拔为河口县红河与南溪河交汇处76.4米，山区面积占85%。辖3市7县2民族自治县，135个乡（镇），州府设在蒙自市。年均气温18.6℃，年均降雨量815.8毫米，全年无霜期337天，年均日照2234小时。

文山壮族苗族自治州（简称文山州）。成立于1958年4月1日，东北和东南与广西百色接壤，南部与越南接界，西南和西北与红河州相邻，北部和西北与曲靖市相连。山区、半山区占总面积的94.6%，国土面积3.15万平方千米，州府设在文山市。文山州地处云贵高原东南部，西北有世界屋脊青藏高原，东北有云贵高原为屏障，南和东南邻近南海和北部湾，西南邻近孟加拉湾，北回归线贯穿全州。夏季主要受孟加拉湾及北部湾暖湿气流影响，冬季主要受偏西及西北部干冷气流影响。

楚雄彝族自治州（简称楚雄州）。成立于1958年4月15日，位于云南省中部偏北，地跨北纬24°13′—26°30′、东经100°43′—102°32′之间，属云贵高原西部、滇中高原的主体部位，自古为“省垣屏障、滇中走廊、川滇通道”，州府设在楚雄市。楚雄州东靠昆明市，西接大理白族自治州，南连普洱市和玉溪市，北临四川省攀枝花市和凉山彝族自治州，西北隔金沙江与丽江市相望，是省会昆明市西出滇西7州（市）及缅甸的必经之地，故有“迤西咽喉”之称。全州行政区域总面积28438平方千米，海拔1773米，东距省会昆明165千米，州府设在楚雄市。

甘南藏族自治州（简称甘南州）。成立于1953年10月1日，位于甘肃省西南部，东与本省定西市、陇南市接壤，南与四川省阿坝藏族羌族自治州毗邻，西与青海省黄南藏族自治州、果洛藏族自治州相连，北靠本省临夏回族自治州。全州总面积4.5万平方千米，州府设在合作市。甘南州地处青藏高原、黄土高原和陇南山地的过渡地带，南部为层峦叠嶂的迭岷山地，东北为连绵起伏的丘陵山区，西部为广阔的高原草甸，地势西北高东西低，平均海拔3000米左右。

临夏回族自治州（简称临夏州）。成立于1956年11月19日，位于黄河上游，甘肃省中部西南面，东临洮河与本省定西市相望，西倚积石山与青海省相毗邻，南靠太子山与甘南藏族自治州搭界，北濒湟水与甘肃省会兰州市接壤，地处青藏高原与黄土高原的过渡地带。总面积为8169平方千米，州府设在临夏市。州内山谷多，平地少，地势西南高，东北低，由西南向东北递降，呈倾斜盆地状态，平均海拔2000米。临夏大部分地区属温带半干旱气候，西南部山区高寒阴湿，东北部干旱。

玉树藏族自治州（简称玉树州）。成立于1951年12月25日，是青海省第一个、全国第二个成立的少数民族自治州。玉树州地处青藏高原腹地，位于青海省西南部，土地总面积26.7万平方千米，占青海省总面积的37.2%，州府设在玉树县结古镇，是全国30个少数民族自治州中主体民族比例最高、海拔最高、人均占有面积最大、生态地位最重要的一个自治州，素有江河之源、名山之宗、牦牛之地、歌舞之乡和中华水塔之美誉。青藏腹地、咽喉要冲是玉树州的区位特征。玉树州地处青藏高原中部，北与本省海西蒙古族藏族自治州相连，西北与新疆巴音郭楞蒙古自治州接壤，东与本省果洛藏族自治州互通，东南与四川省甘孜藏族自治州毗邻，西南与西藏自治区昌都、那曲地区交界。214 国道、109 国道线和青藏铁路穿境而过，与西藏的边界线长达 2385. 85 千米，是进藏的重要通道，也是扼青、滇、川、藏的咽喉要冲。州府结古镇是历史上唐蕃古道的重镇，也是青海、四川、西藏交界处的民间贸易集散地。目前，这种贸易集散地的作用在藏区日益凸显。

海南藏族自治州（简称海南州）。成立于 1953 年 12 月 6 日，位于青海省东部，州府设在共和县恰卜恰镇。因地处我国最大的咸水湖青海湖之南而得名，素有“海藏通衢”之称。海南是青藏高原的东门户，东与海东地区和黄南藏族自治州毗连，西与海西蒙古族藏族自治州接壤，南与果洛藏族自治州为邻，北隔青海湖与海北藏族自治州相望。地理坐标为东经 98°55—105°50′，北纬 34°38′—37°10′。东西宽 260 千米，南北长 270 千米，面积为 4. 45 万平方千米，占青海省总面积的 6. 18%。

黄南藏族自治州（简称黄南州）。成立于 1953 年 12 月 22 日，位于青海省东南部，地处九曲黄河第一弯，东南与甘肃省甘南藏族自治州夏河县、碌曲县、玛曲县和本省果洛州玛沁县为邻，西北与本省海南州同德县、贵德县和海东市的化隆、循化县接壤。全州总面积 1. 89 万平方千米，州府设在同仁县。黄南州气候属高原大陆性气候，雨热同季，干湿季差别明显；热量不足，无霜期短，降水变率大；光照时间长，太阳辐射强；冷季漫长干冷，暖季短促润凉；多灾害天气。

海北藏族自治州（简称海北州）。成立于1953年12月31日，位于青海省东北部，介于北纬36°44′00″—39°05′18″、东经98°5′00″—102°41′03″之间。东南与大通、互助、湟中、湟源县接壤；西与海西蒙古族藏族自治州的天峻县毗连；南与海南藏族自治州的共和县隔青海湖相望；北与甘肃省的天祝、山丹、民乐、肃南县为邻。州府设在海晏县西海镇，全州东西长413.45千米，南北宽261.41千米。土地总面积34068.44平方千米。

果洛藏族自治州（简称果洛州）。成立于1954年1月1日，位于青海省东南部，地处青藏高原腹地的巴颜喀拉山和阿尼玛卿山之间，州府设在玛沁县大武镇。东临甘肃省甘南藏族自治州和青海省黄南藏族自治州，南接四川省阿坝藏族羌族自治州和甘孜藏族自治州，西与青海省玉树藏族自治州毗连，北和青海省海西蒙古族藏族自治州、海南藏族自治州接壤。总面积7.6万平方千米，平均海拔4200米以上，高寒缺氧，气候恶劣，大气含氧量仅为海平面的60%，年均降水量400～700毫米，年均气温为－4℃，全年无绝对无霜期。

海西蒙古族藏族自治州（简称海西州）。成立于1954年1月25日，州域主体为中国四大盆地之一的柴达木盆地，北靠阿尔金山、祁连山，南依昆仑山。东西长约837千米，南北宽约486千米，总面积32.58万平方千米，占青海省总面积的45.17%，州府设在德令哈市。州内大部分地区在海拔3000米上下，最高点是昆仑山的布喀达板峰，海拔7720米；最低点位于达布逊湖区，海拔2675米。海西州地处大陆腹地，印度洋太平洋暖湿气流受到喜马拉雅山、唐古拉山的阻隔，难以进入，加之海拔高，从而形成了终年干燥少雨、冬季寒冷漫长、夏季凉爽短促、四季不分明的典型大陆性高原气侯。

巴音郭楞蒙古自治州（简称巴州）。成立于1954年6月23日，位处新疆维吾尔自治区东南部，东邻甘肃、青海，南倚昆仑山与西藏相接，西连新疆和田、阿克苏地区，北以天山为界与伊犁、塔城、昌吉、乌鲁木齐、吐鲁番、哈密等地（州、市）相连。东西和南北最大长度为800余千米。州府设在库尔勒市，行政区划48.27万平方千米，占新疆总面积的四分之一，是中国面积最大的地级行政区，相当于苏浙闽赣四省面积之和，堪称“华夏第一州”。巴州地貌分属天山山脉、塔里木盆地东部及昆仑山、阿尔金山三个地貌区，基本格局呈“U”字形。

博尔塔拉蒙古自治州（简称博州）。成立于1954年7月13日，地处亚欧大陆腹地，准噶尔盆地西南边缘。东部、南部与伊犁州相依，西北部与哈萨克斯坦共和国接壤，边境线长385千米。州府设在博乐市，总面积为2.7万平方千米。博州地处祖国内陆，属典型的温带大陆性气候，日照时间长，昼夜温差大。

克孜勒苏柯尔克孜自治州（简称克州）。成立于1954年7月14日，位于新疆维吾尔自治区西南部，地跨天山山脉西南部、帕米尔高原东部、昆仑山北坡和塔里木盆地西北缘。克州北部和西部分别与吉尔吉斯斯坦和塔吉克斯坦两国接壤，边境线长达1195千米；东部与阿克苏地区相连；南部与喀什地区毗邻。州府设在阿图什市，全州东西长约500千米，南北宽约140千米，面积7.25万平方千米。

昌吉回族自治州（简称昌吉州）。成立于1954年7月15日，位于天山北麓、准噶尔盆地东南缘。东临哈密地区，西接石河子市，南与吐鲁番地区、巴音郭楞蒙古自治州毗邻，北与塔城、阿勒泰地区接壤，东北与蒙古国交界。从东、西、北三面环抱乌鲁木齐市。东西长541千米，南北宽285千米，总面积9.39万平方千米，占新疆总面积的5.75%，州府设在昌吉市。昌吉州气候属中温带大陆性气候，年均日照时数2700小时，无霜期155天，降水量200毫米，蒸发量2000毫米。

伊犁哈萨克自治州。成立于1954年11月27日，位于新疆西北部，与哈萨克斯坦接壤，与新疆博州等5个地州市相邻，边境线长464.1千米，设有霍尔果斯、都拉塔、木扎尔特3个国家一类口岸，是我国向西开放的桥头堡，是全国唯一既辖地区又辖县（市）的自治州。总面积35万平方千米，州府设在伊宁市。伊犁州幅员辽阔，资源丰富，气候宜人，风景如画，自然条件得天独厚；宜农、宜牧、宜林，素有"塞外江南"的美称。境内驻有新疆生产建设兵团农业第四、七、九、十师和八师的部分团场以及新疆矿冶局、天西林业局、阿山林业局、伊犁师范学院等一批中央、自治区直属单位。

二、自治州自然资源概况

延边朝鲜族自治州。延边州拥有国家级自然保护区5个、省级自然保护区8个，森林覆盖率高达80.8%。州内有野生动物367种，其中就有被称为百兽之王的野生东北虎；野生植物3890种，其中药用植物850多种，盛产被誉为"东北三宝"的人参、鹿茸、貂皮，其中参茸产量居世界第一。延边大米、黄牛、食用菌、烟叶、蜜蜂、五味子、苹果梨等特色产品驰名中外。州内有大小河流487条，水能蕴藏量141万千瓦。延边州是我国少有的饮用天然矿泉水集中分布区之一，品质被国际权威机构确认为世界顶级矿泉水，长白山与欧洲阿尔卑斯山和俄罗斯高加索山并列为世界三大矿泉水产地，仅二道白河地区日出水量就达到12万立方米，开发潜力巨大。已探明金属、非金属矿产93种。延边素有“长白林海”之称，有林地面积354.3万公顷，活立木蓄积量4亿立方米。

恩施土家族苗族自治州。恩施州属沉积岩分布地区，沉积矿产比较丰富。到目前为止，全州已发现各类矿产资源75种，矿产地370余处，其中探明D级储量的有31种，矿产地235处。在31种矿产中，已探明大型矿床10处、中型矿床23处、小型矿床202处、矿点23处。全州流域面积大于100平方千米的河流有45条；大于1000平方千米的河流有清江、酉水等9条河流，总流域面积21801平方千米。

湘西土家族苗族自治州。湘西州有独特的资源禀赋。山地、农业、矿产等资源丰富，拥有中国驰名商标产品古丈毛尖和5个国家地理标志产品，素有“锰都钒海”之称，初步探明页岩气储量4.8万亿立方米，占全省的70%，可采储量超过1.4万亿立方米，价值高达3.5万亿元，开发潜力巨大。

甘孜藏族自治州。天然草原面积占总面积的61.7%，是全国五大牧区之一的川西北牧区的重要组成部分。水资源总量1397.83亿立方米，其中可利用水资源总量881.8亿立方米，水能理论蕴藏量4119万千瓦，占全省的29%。有色金属和贵金属品种多、储量大，已初步探明超大型和大型矿床30余处、中型矿床40余处、小型矿床近百处，其中康定呷基卡锂矿是全球第二大、亚洲第一大的锂矿。有大熊猫、金丝猴等30多种珍稀动物。甘孜州森林面积占四川省森林总面积的20%。

凉山彝族自治州。地处著名的攀西裂谷成矿带，是中国乃至世界罕见的“聚宝盆”，被誉为“中国乌拉尔”。矿产资源富集，且具有品位高、埋藏浅、采选条件好、综合利用价值高的特点。已探明矿种84种，有相当储量的60种。其中钒钛磁铁矿12亿吨，占四川省第二位；轻稀土氧化物保有储量240万吨，居全省第一位、全国第二位；铜、铅、锌、锡（金属量）518万吨，居全省第一位；另外，境内贵金属、盐、磷、白云石、硅石等金属、非金属矿种也有相当储量。

阿坝藏族羌族自治州。旅游、水能、生物和矿产资源优势明显。世界自然遗产九寨沟、黄龙及卧龙·四姑娘山大熊猫栖息地等世界级旅游景区闻名遐迩。有马尔康卓克基土司官寨、松岗直波碉楼（含羌寨碉群）、松潘古城墙、壤塘棒托寺、错尔机寺、营盘山和姜维城遗址、日斯满巴碉房、阿坝州红军长征遗迹8处（22个点）全国重点文物保护单位。黑水卡斯达温、九寨沟㑇舞、羌笛演奏及制作技艺、羌族瓦尔俄足节等12项民族文化遗产列入国家级非物质文化遗产目录。

黔东南苗族侗族自治州。森林资源丰富，是我国南方的重点集体林区之一。森林面积达197.27万公顷，活立木蓄积量为1.2亿立方米，森林覆盖率为65%，为全省之冠。生物种类繁多，堪称祖国的绿色宝库，各类植物2009种，分属290科690属，其中野生植物资源150余科400多属1000余种，在种子植物中，有中国特有属24属，占全国特有属的11.7%。境内已发现矿产40余种，其中重晶石保有储量占全国的60%以上。

黔南布依族苗族自治州。主要树种1860多种，各类野生动物570种（含亚种），其中有鸟类235种、鱼类98种、爬行类动物55种。已发现矿产资源30余种，其中，磷矿资源储量丰富，瓮安县境内的磷矿储量就达36亿吨，位居亚洲第一。水资源主要有地表水、地下水。河流较多，全州有中、小河流117条，河网密度为每平方千米0.2千米。

黔西南布依族苗族自治州。气候类型多样，给动植物生长和繁衍提供了得天独厚的自然条件。境内生物资源种类繁多，树种资源十分丰富，有植物150余种375属760多科。药用植物有天麻、杜仲、三七、黄柏、金银花、灵芝、石斛等，可作中药材的植物1000余种，是贵州省中草药药源宝库之一。野生珍稀动物有10余种。已探明的煤炭资源保有储量75.28亿吨，远景储量在196亿吨以上。黄金资源储量大，品位高，已探明储量约324.7吨，远景储量在1000吨以上，被中国黄金协会授予“中国金州”称号。

西双版纳傣族自治州。全州有森林面积151.66万公顷，有勐养、勐腊、勐仑、尚勇、曼稿、纳板河流域6块国家级自然保护区402万亩，其中70万亩为保护完好的原始森林，有高等植物5000多种，中草药1724种，经过鉴定的有500多种。脊椎动物762种，占全国脊椎动物类1/4；无脊椎动物3000多种；鸟类427种，占全国鸟类种数36%；哺乳动物108种，爬行动物63种，鱼类100种。其中有国家重点保护动物129种，世界性保护动物26种。

德宏傣族景颇族自治州。冬无严寒、夏无酷暑，花开四季、果结终年，素有“植物王国”“物种基因库”之美称，全州森林覆盖率达67.1%，是中国小粒咖啡、柠檬、坚果、橡胶、香料烟、优质大米的重要生产基地。此外，德宏紧邻世界著名珠宝玉石、名贵硬木产地缅甸，是全国最大的珠宝翡翠、红木制品交易市场和集散地之一。

怒江傈僳族自治州。属泛北极植物区和古热带植物区交汇地带的中国喜马拉雅植物区，已知的高等植物分属200多个科600余属3000多种，中药材资源356种，其中药用植物314种。已知脊椎动物有488种，其中国家保护动物40余种。怒江两岸倾泻出118条中小河流，羽状排列注入怒江，澜沧江两岸中小河流36条汇入江中，独龙江两岸有支流13条。

大理白族自治州。有锰、铁、锡等矿床矿点200多个，已开发利用的有北衙铅矿，鹤庆锰矿，巍山、漾濞的锑矿，鹤庆、宾川的金沙等80多处，其中大理石蕴藏量极为丰富，属特大型矿床，储量达1亿立方米。境内江河纵横，水力资源蕴藏量930万千瓦，可开发利用的水力资源807万千瓦。有国家级自然保护区1个、省级自然保护区3个、州级自然保护区14个。现已查明的高等植物种类有182科927属，约3000种。

迪庆藏族自治州。具有“三山挟两江”的雄奇地貌：梅里雪山山脉、云岭雪山山脉、中甸雪山山脉横亘天际，澜沧江、金沙江自北而南贯穿全境。境内地势北高南低，海拔高差悬殊，最高峰梅里雪山卡瓦格博峰，海拔6740米，是云南最高峰。最低谷海拔1486米，绝对高差达5254米。有高等植物187科，5000余种，野生动物1400余种。迪庆州地处“三江成矿带”腹心地带，是全国十大矿产资源富集区之一，到目前为止共计发现铜、钨、钼、铅、锌等30多种矿，发现矿床矿点300多处，已发现铜矿床和矿点42处，探明铜金属储量达500多万吨，其中羊拉、红山铜矿已探明铜金属储量达260多万吨，普朗铜矿储量在200万吨以上。

红河哈尼族彝族自治州。自然资源极为丰富，其中有7500平方千米属北亚热带，被誉为“滇南生物基因库”。红河州处于滇中、滇东南、三江三大成矿带交汇地，矿产资源丰富。以锡为主的有色金属在全省、全国乃至世界上均占有重要的地位。个旧市是世界闻名的锡都，开远市是云南省重要的能源基地。目前，已探明矿产资源潜在价值达2.5万亿元。

文山壮族苗族自治州。境内生物资源丰富，农作物达1727个品种。八宝米以粒大、米白、做成的饭香软适口而闻名，过去曾为朝廷“贡米”。八角是上乘调料和工业原料，质量居全国第一。境内有华盖木、樟、楠、红椿、香木莲等珍稀树种76科300多种。花卉资源以兰花最有名。已探明和发现的黑色、有色、稀有贵重金属、非金属矿达11类55种670个矿点。其中锑、锡储量分别居全国第二、第三位，锰储量居全国第八位，铝土储量居云南首位。

楚雄彝族自治州。州内矿产资源十分丰富，有铜、铁、铅、锌等，尤其以铜、铁、煤、盐著称。现已探明且储量较大的有铁矿石2.7亿吨，煤10亿吨，盐9亿吨。全州林业用地217.03万公顷，其中，有林地面积177.83公顷，活立木蓄积量9236.73万立方米，森林覆盖率62.48%。有大中小型水库1091座，总库容12.77亿立方米。州内分布高等植物约6000种，其中，有种子植物4500种，列为国家级保护植物有攀枝花苏铁、蓖齿苏铁、苏铁、云南红豆杉、伯乐木、长蕊木兰等珍稀植物32种。分布脊椎动物680余种。

甘南藏族自治州。发现有铁、铜、铅、锌等45种矿产资源。已经探明储量的有23种，其中金、铀、砷、汞、铋、泥炭储量居甘肃省第一位；铁、锡储量居第二位；铅、锑储量居第三位；铜、硫铁矿储量居第四位；银、磷储量居第五位。境内有以黄河、洮河、大夏河、白龙江为代表的120多条干、支河流。水电资源理论蕴藏量为361万千瓦。甘南州是甘肃省主要的药材区之一。境内蕴藏的纯天然野生中藏药材850余种，中藏药材蕴藏量为5243万千克。

临夏回族自治州。现已发现的各类矿产资源43种，占全省已发现矿种数的25%。其中，金属矿产17种、能源矿产2种、非金属矿产24种；矿产地87处，其中大型矿床2处、中型矿床3处、小型矿床17处、矿点44处、矿化点21处。水资源总量336亿立方米，其中过境水324亿立方米，多年平均自产地表水资源总量12.15亿立方米。

玉树藏族自治州。农作物品种主要有青稞、豌豆、洋芋、油菜、芫根。已查明的各类中药材913种，其中植物类药材808种，动物种类药材80种。全州初步探明矿床、矿点200余处，累计共发现各类矿产36种，矿产地255处，其中矿床20处、矿点192处、矿化点43处。境内河流密布，黄河干、支流在州境内总长559千米，长江在州境内长度为3380.2千米，澜沧江在州境内长度为1792千米，总流域面积为23.80万平方千米。

海南藏族自治州。黄河在州境内横贯五县，干流长411.3千米，干流水域落差大，跨度窄，水量丰富，是黄河水利电力资源的“富矿区”，电力蕴藏量900万千瓦。境内野生植物种类繁多，尤其是各类药材分布很广，主要有冬虫夏草、甘草、雪莲、大黄、枸杞等20余种名贵草药，年产冬虫夏草1.8万多千克。野生动物有白唇鹿、麝、野牦牛、黑熊、雪豹等；名贵禽鸟有天鹅、斑头雁、雕、草原云雀、百灵等。

黄南藏族自治州。州境南部泽库、河南两县为风能季节利用区，全年风能可利用时间为3000~5000小时，其中泽库县为4100小时。据有关部门测算，风能年储量为270~500千瓦小时/平方米，其中泽库县达到354.5千瓦小时/平方米。矿产有金、银、铜、锌、锑、汞、砷、硫、萤石和泥炭等25种，分布在135处。其中大型泥炭矿床4个，D级储量787万吨；有以铅、锌等元素为主的中型多金属矿床2个，矿床潜在价值5.1亿元，可提取价值1.1亿元；有以砷、金、银等元素为主中型砷金矿1个，矿床潜在价值2.6亿元，可提取价值1.6亿元。

海北藏族自治州。地域辽阔，地质构造复杂，成矿条件优越，矿产品种多、储量较大。已探明黑色金属矿产、有色金属矿产、黄金金属矿产、非金属矿产、可燃性矿产品种达30种。主要矿产品种有：黑色金属铁、锰、铬，有色金属铜、铅、锌，贵重金属金、银、铂，非金属矿产主要是煤。煤炭、石棉、沙金是海北州矿产资源开发的优势品种，已探明煤炭储量为26亿吨、石棉2000万吨、沙金4830.80千克。海北州蕴藏有极为丰富的水利资源，地表水年流量58.2亿立方米，外流水系和内陆水系水电理论蕴藏量约148.38万千瓦，其中可开发利用水电装机容量近73万千瓦。

果洛藏族自治州。州内的资源比较丰富。有大小河流36条，总流程3300多千米，分别注入黄河和长江两大水系，有较大湖泊二十多个。已探明的矿产有金、银、铜、钴、硫、镉、煤、石灰石等十余种，其中金、银、铜、钴、硫、石灰石等储量大、品位高、易开采。初步探明有色金属矿床6处，矿点9处，矿化点9处，距州府大武西南27千米处的德尔尼铜矿是国家已探明的大型铜钴矿，位居全国前五位，铜、钴、硫、金为中型规模，潜在经济价值约几百亿元。

海西蒙古族藏族自治州。境内共发现盐湖矿床（点）70余处，勘查盐湖区含矿面积3万多平方千米，累计探明总储量3799亿吨。发现不同储集类型的油田22个，累计探明石油地质储量2.54亿吨，发现气田6个。石棉资源主要分布在茫崖石棉矿，储量为4319.5万吨，其中C级以上储量2294.7万吨，居全国第一位。海西州的硅灰石资源主要分布在都兰海寺地区，海寺硅灰石矿储量为C+D级732万吨，占全国保有储量的13.53%，矿石平均品位为60.84%。原盐、钾、镁、锂、锶、石棉、芒硝等矿藏储量居全国首位，溴、硼等储量居第二位。

巴音郭楞蒙古自治州。自然资源呈现多样性，动植物资源丰富。州内分布的名贵野生动物有野骆驼、大天鹅、普氏原羚、塔里木兔、马鹿、罗布泊盘羊、白尾地鸦、新疆大头鱼等。经济价值较高的野生植物有罗布麻、芦苇、甘草、紫草、羌活、麻黄、香蒲等。矿产资源丰富，拥有全国三大气田之一的塔里木天然气田。石油、天然气、钾盐矿、钨锡矿、铜矿、铅锌矿、铁矿、菱镁矿、蛭石、石棉、红柱石、花岗岩、玉石等是巴州优势矿产，其中蛭石、红柱石、钾盐储量为全国之冠。

博尔塔拉蒙古自治州。全州水资源总量为 26.33 亿立方米，博尔塔拉河是全州境内最大的河流，年径流量 5.77 亿立方米。野生动物有上百种，初步查明属于珍稀野生动物的有 3 纲 10 目 17 科 39 种，其中国家一级保护动物有 9 种、二级保护动物有 27 种，自治区一级保护动物有 3 种、二级保护动物有 1 种。有植物类药用资源 79 科 413 种。现已探明 39 种矿产，其中建材非金属矿主要有石灰石、石膏、珍珠岩、大理岩和花岗岩等 16 种，冶金辅助原料非金属矿主要有盐、芒硝、磷、硫酸镁等 3 种，金属矿主要有铁、铜、铂等 16 种。

克孜勒苏柯尔克孜自治州。境内沟壑交错、河流纵横，由东北向西南分布有托什干河、博古孜河、恰克玛克河、克孜勒苏河、盖孜河、库山河、叶尔羌河七大水系，共有天然湖泊 18 处、35 个。地方优质经济作物品种主要有无花果、葡萄、杏、石榴、桃、梨、沙枣、巴旦木等，瓜类主要有甜瓜、西瓜等。无花果是阿图什市的特产，已誉满天山南北，阿图什被称作“无花果之乡”。年太阳总辐射 130～140 千卡/立方米，高于全国同纬度地区。全年日照时数 2700～3000 小时，日照百分率 62%～68%。

昌吉回族自治州。矿产资源主要有煤炭、石油、石灰岩、芒硝、石墨、碧玉等 50 多种，具备很高的开采价值，其中煤炭储量 250 亿吨，年产原煤 700 万吨左右，已探明石油储量 1.5 亿吨，天然气储量 300 亿立方米。国家第一个 200 万吨级整装沙漠油田就位于昌吉州境内。

伊犁哈萨克自治州。是全疆乃至全国已发现矿产品种比较齐全的少数地区之一，具有建成我国重要矿产基地的矿产资源基础。已发现矿藏 9 类 86 种，矿产地 170 多处，其中能源矿产 5 种、有色金属及贵金属矿产 16 种、稀有金属 13 种、黑色金属矿产 5 种、冶金辅助原料非金属矿产 4 种、化工原料非金属矿产 10 种、特种非金属原料 3 种、建材原料非金属矿产及其他矿产 29 种。已探明储量的共 48 种。铍、白云母、钾、长石的探明储量居全国首位，铬居全国第二位，铯居全国第四位，镍、锂居全国第六位，钽居全国第九位，铌居全国第十位。

三、自治州人口及民族分布特征

延边朝鲜族自治州。2015 年，全州总人口为 213.6 万人，同 2010 年第六次全国人口普查的 219.10 万人相比，5 年共减少了 5.5 万人，年增长率为 -0.51%。其中，城镇人口 150.0 万人，占总人口的 70.2%。人口出生率为 7.0‰，死亡率为 7.7‰，自然增长率为 -0.7‰。全州朝鲜族人口 77.4 万人，占总人口的 36.2%。

恩施土家族苗族自治州。2015 年，全州总人口 402.61 万人，同 2010 年第六次全国人口普查的 397.61 万人相比，5 年共增加了 5 万人，年增长率为 0.25%。全州人口密度（常住人口计算）为 138 人/平方千米。全年人口出生率为 11.01‰，人口死亡率为 5.72‰，人口自然增长率为 5.29‰。出生人口性别比 107.32，保持在正常范围。恩施州是以土家族、苗族聚居，侗族、白族、蒙古族、回族等少数民族散杂居为主要特征的少数民族地区。除汉族外，还居住着土家族、苗族、侗族、白族、蒙古族、回族等 28 个少数民族。苗族人口分布呈现出大杂居小聚居的典型特点，主要分布在利川、来凤、宣恩、咸丰，4 县苗族人口占全州苗族人口总数的 90.8%，且都有较大的聚居村落，较为典型的有宣恩县的小茅坡营、苗寨，咸丰的官坝、小村、梅坪、龙坪，利川的文斗等。

湘西土家族苗族自治州。2015 年，全州常住人口 263.45 万人，同 2010 年第六次全国人口普查的 280 万人相比，5 年共减少了 16.55 万人，年增长率为 -1.21%。其中城镇人口 108.36 万人，城镇化率为 41.1%，比上年提高 1.2 个百分点。以土家族、苗族为主的少数民族占全州总人口的 77.21%。

甘孜藏族自治州。2015 年，全州人口为 116.49 万人，同 2010 年第六次全国人口普查的 109.2 万人相比，5 年共增加了 7.29 万人，年增长率为 0.59%。全年人口出生率为 11.2‰，人口死亡率为 4.04‰，人口自然增长率为 7.16‰。户籍人口中，男性 55.32 万人，女性 53.91 万人；非农业人口 16.36 万人，农业人口 92.87 万人。年末常住人口 116.49 万人，增长 1.5%；城镇化率为 28.06%，比上年提高 1.19 个百分点。境内有藏族、彝族、羌族、苗族、回族、蒙古族、土家族、傈僳族、满族、瑶族、侗族、纳西族、布依族、白族、壮族、傣族等 25 个少数民族，总人口 90 万人。

凉山彝族自治州。2015 年，全州户籍人口 511.78 万人，同 2010 年第六次全国人口普查的 478.94 万人相比，5 年共增加 32.84 万人，年增长率为 1.34%。其中：少数民族人口为 282.34 万人，占总人口的 55.2%；彝族人口为 264.78 万人，是全国最大的彝族聚居区，是四川省民族类别以及少数民族人口最多的地区，占全州总人口的 51.74%。全年出生人口 6.76 万人，出生率为 13.28‰；死亡人口 2.44 万人，死亡率为 4.79‰。

阿坝藏族羌族自治州。2015年，全州人口总数93.01万人，同2010年第六次全国人口普查的89.88万人相比，5年共增加了3.13万人，年增长率为0.69%。其中：男性465704人，女性448402人；农业人口710565人，非农业人口203541人；藏族530833人、羌族169622人、汉族182513人、回族29299人，占总人口的比例分别为58.1%、18.6%、20.1%、3.2%。

黔东南苗族侗族自治州。2015年，全州常住人口总数348.54万人，同2010年第六次全国人口普查的339.81万人相比，5年共增加8.73万人，年增长率为0.51%。全州有苗族、侗族、汉族、布依族、水族、瑶族、壮族、土家族等33个民族。全年全州人口出生率为12.53‰，死亡率为6.95‰，人口自然增长率为5.58‰。

黔南布依族苗族自治州。2015年，全州常住人口总数324.22万人，同2010年第六次全国人口普查的348.06万人相比，5年共减少了23.84万人，年增长率为-1.41%。全州辖12县市，面积26197平方千米，有汉族、布依族、苗族、水族、壮族、侗族、毛南族、仡佬族等37个民族。2015年，全州人口出生率为12.6‰，自然增长率为5.6‰，符合政策生育率为95.5%。

黔西南布依族苗族自治州。2015年，全州常住人口总数351.68万人，同2010年第六次全国人口普查的348.06万人相比，5年共增加了3.62万人，年增长率为0.11%。人口自然增长率7.68‰。

西双版纳傣族自治州。2015年，常住人口总数116.4万人，同2010年第六次全国人口普查的112.5万人相比，5年共增加了3.9万人，年增长率为0.68%。其中城镇常住人口50.52万人，占常住总人口比重为43.4%，比上年末提高1.68个百分点。全年人口出生率为11.98‰，死亡率为5.64‰，自然增长率为6.34‰。年末户籍人口 98.23 万人。其中，乡村人口 59.3 万人，占总户籍人口比重为 60.4%；少数民族人口 76.26 万人，占总户籍人口比重为 77.6%。

德宏傣族景颇族自治州。2015 年，全州常住人口为 127.90 万人，同 2010 年第六次全国人口普查的 121.14 万人相比，5 年共增加了 6.76 万人，年增长率为 1.09%。其中，男性 66.02 万人，女性 61.88 万人。人口出生率 14.5‰，人口死亡率 7.1‰，人口自然增长率 7.4‰。全州人口密度每平方千米 110.97 人，比上年提高 1.3 人。年末城镇登记失业率为 3.86%。2013 年底，全州人口共有 106.78 万人，其中傣族有 33.73 万人，景颇族有 12.89 万人，德昂族有 1.32 万人，傈僳族有 2.62 万人，阿昌族有 2.84 万人，佤族有 0.09 万人，汉族有 51.53 万人，少数民族人口占全州总人口的比例为 52%。有彝族、白族、傣族、壮族、苗族、回族、傈僳族、拉祜族、佤族、纳西族、瑶族、藏族、景颇族、布朗族、布依族、阿昌族、哈尼族、锡伯族、普米族、蒙古族、怒族、基诺族、德昂族、水族、满族、独龙族等民族分布。

怒江傈僳族自治州。2015 年，全州常住人口为 54.15 万人，同 2010 年第六次全国人口普查的 53.43 万人相比，5 年共增加了 0.72 万人，年增长率为 0.27%。

大理白族自治州。2015 年末，全州户籍总人口 358.44 万人，同 2010 年第六次全国人口普查的 352.6 万人相比，5 年共增加 5.84 万人，年增长率为 0.33%。大理州有 13 个世居民族，分别是：汉族、白族、彝族、回族、傈僳族、苗族、纳西族、壮族、藏族、布朗族、拉祜族、阿昌族、傣族等民族，少数民族人口 185.83 万人，占总人口的 51.84%，其中白族人口 121.79 万人。

迪庆藏族自治州。2015 年，全州常住总人口 40.8 万人，同

2010 年第六次全国人口普查的 37.9 万人相比，5 年共增加了 2.9 万人，年增长率为 1.49%。少数民族人口 32.09 万人，占总人口的 88.82%。其中，藏族人口 13.01 万人，占总人口的 36.01%；傈僳族人口 10.89 万人，占总人口的 30.13%。千人以上的少数民族人口分别为：彝族 1.56 万人，白族 1.49 万人，苗族 0.15 万人，回族 0.11 万人，纳西族 4.6 万人，普米族 0.21 万人。2015 年，全州人口出生率 9.78‰，人口死亡率 5.26‰，人口自然增长率 4.52‰，人口城镇化率 31.13%。

红河哈尼族彝族自治州。2015 年，全州常住总人口 465 万人，同 2010 年第六次全国人口普查的 440.87 万人相比，5 年共增加了 24.13 万人，年增长率为 1.07%。红河州是一个多民族聚居的边疆少数民族自治州，有汉族、哈尼族、彝族、苗族、瑶族、傣族、壮族、回族、布衣族、拉祜族、布朗族 11 个世居民族，少数民族人口占总人口的 58.52%。

文山壮族苗族自治州。2015 年，全州常住人口总数为 360.7 万人，同 2010 年第六次全国人口普查的 349.68 万人相比，5 年共增加了 11.02 万人，年增长率为 0.6%。其中，乡村人口 226.63 万人，占总人口 62.83%。少数民族人口 208.85 万人，占总人口 57.9%。城镇人口 134.07 万人，人口城镇化水平为 37.17%。人口出生率为 13.17‰，死亡率为 6.39‰，人口自然增长率为 6.78‰。

楚雄彝族自治州。2015 年，全州常住人口总数 273.30 万人，同 2010 年第六次全国人口普查的 261.51 万人相比，5 年共增加了 11.79 万人，年增长率为 0.89%。其中，乡村人口 188.55 万人，城镇人口 74 万人。在总人口中，少数民族人口 93.67 万人，占总人口的 35.7%，其中彝族人口 75.6 万人，占总人口的 28.8%，占少数民族人口的 80.7%。万人以上少数民族有彝族（75.60 万人）、傈僳族（5.76 万人）、苗族（4.71 万人）、傣族（2.33 万人）、回族（2.15 万人）和白族（1.76 万人）。全年出生人口 2.54 万人，死亡人口 1.90 万人。男女性别比（以女性为 100 计算）为 104.3。出生率 11.53‰，死亡率 7.00‰，人口自然增长率 4.53‰。

甘南藏族自治州。2015 年，全州常住人口总数 70.50 万人，同 2010 年第六次全国人口普查的 68.91 万人相比，5 年共增加了 1.59 万人，年增长率为 0.46%。其中，城镇人口 21.50 万人，增加 1.17 万人。城镇化率 30.50%，比上年提高 1.53 个百分点。人口自然增长率 7.87‰，比上年降低 0.01 个千分点；人口出生率 14.99‰，上升 0.03 个千分点；人口死亡率 7.12‰，上升 0.04 个千分点。0～14 岁人口 14.60 万人，占全部人口的 20.7%；15～64 岁人口 50.67 万人，占全部人口的 71.9%；65 岁及以上人口 5.23 万人，占全部人口的 7.4%。

临夏回族自治州。2015 年，全州常住人口 200.44 万人，同 2010 年第六次全国人口普查的 194.67 万人相比，5 年共增加了 5.77 万人，年增长率为 0.59%。

玉树藏族自治州。2015 年，全州常住人口总数为 39.19 万人，同 2010 年第六次全国人口普查的 37.34 万人相比，5 年共增加了 1.85 万人，年增长率为 0.97%。出生率为 9.3‰，死亡率为 2.7‰，人口自然增长率为 6.6‰。在总人口中，少数民族人口 38.65 万人，占总人口的 98.6%。

海南藏族自治州。2015 年，全州常住人口总数为 46.40 万人，同 2010 年第六次全国人口普查的 44.17 万人相比，5 年共增加了 2.23 万人，年增长率为 0.99%。海南州是以藏族为主的多民族聚居区，1953 年，海南州只有 7 个民族，其中藏族人口占总人口的 68.53%，汉族占 25.07%，回族占 5.18%，蒙古族、撒拉族、土族、哈萨克族占1.22%。2009年，海南州有民族21个，其中藏族人口28.28万人，占总人口的62.95%；汉族12.42万人，占27.65%；回族3.22万人，占7.2%；土族0.49万人，占1.1%；撒拉族0.12万人，占0.3%；蒙古族0.34万人，占0.7%；满族0.02万人，占0.05%；其他少数民族0.03万人，占0.07%。

黄南藏族自治州。2015年，全州常住总人口为26.88万人，同2010年第六次全国人口普查的25.67万人相比，5年共增加了1.21万人，年增长率为0.93%。全州出生人口0.49万人，出生率为18.27‰；死亡人口0.16万人，死亡率为5.97‰；人口自然增长率为12.30‰。在总人口中，少数民族人口25.22万人，占总人口的93.8%。在少数民族人口中，藏族18.46万人，蒙古族3.76万人，回族1.74万人。

海北藏族自治州。2015年，全州户籍人口29.7万人，同2010年第六次全国人口普查的28.32万人相比，5年共增加了1.38万人，年增长率为0.95%。按城乡分，城镇人口8.33万人，占总人口的28.04%，比上年末提高1.96个百分点；乡村人口21.37万人，占总人口的71.96%。少数民族人口19.89万人，占总人口的66.97%。

果洛藏族自治州。2016年，全州户籍人口20.02万人，同2010年第六次全国人口普查的18.17万人相比，5年共增加了1.85万人，年增长率为1.96%。全州人口出生率15.72‰，人口死亡率4.14‰，人口自然增长率11.58‰。年末总人口20.02万人。其中，藏族人口18.39万人，占总人口的91.87%；农牧业人口15.21万人，占总人口的75.96%。

海西蒙古族藏族自治州。2016年，全州户籍人口20.02万人，同2010年第六次全国人口普查的18.17万人相比，5年共增加了

1.85万人，年增长率为1.96%。

巴音郭楞蒙古自治州。2015年，全州常住人口125.38万人，同2010年第六次全国人口普查的132.30万人相比，5年共减少了6.92万人，年增长率为-1.07%。全州人口出生率为16.88‰，死亡率7.63‰，自然增长率9.3‰。其中，城镇人口63.76万人，占比50.8%；乡村人口61.62万人，占比49.7%。少数民族人口有56.77万人，其中蒙古族5.01万人，占比4%；维吾尔族44.03万人，占比35.1%。

博尔塔拉蒙古自治州。2015年，全州常住人口总数47.97万人，同2010年第六次全国人口普查的44.37万人相比，5年共增加了3.60万人，年增长率为1.57%。其中，汉族人口28.82万人，占总人口的64.96%；各少数民族人口15.55万人，占总人口的35.04%。与2000年第五次全国人口普查相比，汉族人口增加0.33万人，增长了1.16%；各少数民族人口增加了1.63万人，增长了11.74%。城镇人口23.14万人，占总人口比重为48.24%；乡村人口24.83万人，占总人口比重为51.76%。全年出生人口0.59万人，出生率为24.43‰，比上年上升9.57个千分点；死亡人口0.30万人，死亡率为12.3‰，上升5.67个千分点；人口自然增长率为12.12‰，上升3.91个千分点。

克孜勒苏柯尔克孜自治州。2015年，全州常住人口总数为59.61万人，同2010年第六次全国人口普查的53.98万人相比，5年共增加了5.63万人，年增长率为2.00%。其中，农业人口46.88万人，占78.6%。在总人口中，柯尔克孜族15.77万人，维吾尔族38.94万人，汉族4.14万人。男性人口30.28万人，女性人口29.32万人，性别比为103∶100。全年出生人口1.37万人，人口出生率为22.9‰；死亡人口0.39万人，死亡率为6.51‰；人口自然增长率为16.39‰。

昌吉回族自治州。2015年，全州常住人口159.0万人，同2010年第六次全国人口普查的142.86万人相比，5年共增加了16.14万人，年增长率为2.16%。在全部人口中，非农业户口人数57.6万人，农业户口人数81.7万人。汉族100.7万人，占人口总数的72.3%；少数民族38.6万人，占人口总数的27.7%。其中，回族14.7万人，占总人口的10.5%；哈萨克族14.7万人，占总人口的10.5%；维吾尔族6.8万人，占总人口的4.9%。全州户口登记新出生人口1.55万人，人口出生率11.0‰；死亡人数1.03万人，人口死亡率7.4‰；人口自然增长率3.7‰。

伊犁哈萨克自治州。2015年，全州常住人口480.6万人，同2010年第六次全国人口普查的450.79万人相比，5年共增加了29.81万人，年增长率为1.29%。2013年末总人口440.8万人，有哈萨克、汉、维吾尔、回、蒙古、锡伯等47个民族成分，其中哈萨克族占25.5%（112万），汉族占45.2%，维吾尔族占15.9%，回族占8.3%，蒙古族占1.69%，锡伯族占0.83%。

第四章 “十二五”期间民族自治州发展水平分析

一、经济发展

“十二五”期间，我国30个民族自治州经济均取得了长足发展，国内生产总值由2010年的8547.78亿元升至2015年的16240.26亿元，五年间增长了89.99%，年均递增13.69%。具体而言，“十二五”期间民族自治州良好的经济运行态势主要体现在三个方面：其一，经济保持快速增长的趋势，除海西州外其他自治州国内生产总值年均增速超过10%；其二，人均国内生产总值同样保持了良好的上升势头；其三，三次产业结构比例更趋合理。

（一）国内生产总值快速增长

“十二五”时期，我国30个民族自治州地区生产总值由2010年的8547.78亿元增加到2015年的1.62万亿元，年均增长13.69%，增速超过全国平均水平，在经济发展上取得了巨大成就。综合分析表4－1、图4－1，从年均增速上看，新疆维吾尔自治区的克州增速最快（21.71%），同属新疆的博州排名第五

(17.49%)，昌吉州排名第十(15.40%)；排名第二、三、四位被贵州包揽，分别是黔南州(20.41%)、黔东南州(20.34%)和黔西南州(19.83%)；第六至第九名被云南包揽，即迪庆州(15.89%)、西双版纳州(15.85%)、德宏州(15.76%)和怒江州(15.68%)。增速快的地区在空间分布上相对集中。增速最慢的为海西州(3.78%)，其他增速较慢的自治州为延边州(10.21%)、巴州(10.52%)、黄南州(10.74%)、凉山州(10.89%)、湘西州(11.03%)、甘孜州(11.64%)、海北州(11.71%)、果洛州(11.78%)和伊犁州(12.97%)；增速慢的地区在空间分布上则比较分散。在30个自治州中，有16个州在“十二五”期间年均增速高于自治州综合年平均增速(13.69%)。

表4-1 “十二五”期间我国30个民族自治州国内生产总值变化情况统计表

(单位：亿元)

自治州	2010年	2011年	2012年	2013年	2014年	2015年	年均增速(%)	增速排名
延边	545.00	652.17	765.38	849.00	900.80	886.10	10.21	29
恩施	351.13	418.19	482.19	552.48	612.01	670.81	13.82	15
湘西	303.44	361.37	397.73	418.94	457.00	512.00	11.03	25
阿坝	132.76	168.48	203.74	233.99	247.79	265.04	14.83	13
凉山	784.19	1000.13	1122.67	1214.40	1314.30	1314.84	10.89	26
甘孜	122.83	155.22	175.02	201.22	206.81	213.04	11.64	24
黔东南	321.57	383.63	477.75	585.64	701.71	811.55	20.34	3
黔南	356.68	443.59	533.34	645.54	801.75	902.91	20.41	2
黔西南	324.52	375.52	462.28	558.91	670.96	801.65	19.83	4

续表

自治州	2010 年	2011 年	2012 年	2013 年	2014 年	2015 年	年均增速(%)	增速排名
西双版纳	160.99	197.68	232.64	272.32	306.02	335.91	15.85	7
文山	329.90	401.40	478.02	553.36	615.69	670.84	15.25	11
红河	650.42	780.64	905.43	1026.95	1127.09	1222.28	13.45	19
德宏	140.63	172.32	201.00	230.90	248.34	292.32	15.76	8
怒江	54.76	64.63	74.94	85.82	100.12	113.45	15.68	9
迪庆	77.10	96.39	113.63	131.30	147.21	161.14	15.89	6
大理	474.90	568.49	672.06	760.78	832.18	901.07	13.67	17
楚雄	404.44	482.50	570.02	632.50	701.78	762.97	13.54	18
临夏	106.38	128.78	151.89	167.32	186.05	211.41	14.72	14
甘南	67.69	81.34	96.74	108.89	114.92	126.54	13.33	20
海北	54.53	77.89	95.97	112.26	106.62	94.86	11.71	23
黄南	43.68	48.40	58.11	66.47	68.83	72.75	10.74	27
海南	69.89	82.65	104.35	117.12	130.72	140.20	14.94	12
果洛	20.43	26.15	30.55	32.08	34.07	35.66	11.78	22
玉树	31.86	40.20	47.17	54.72	56.49	60.55	13.70	16
海西	365.49	481.40	570.33	609.72	560.00	439.90	3.78	30
昌吉	557.00	701.95	818.56	940.03	1060.00	1140.00	15.40	10
巴州	638.00	799.87	907.49	1017.00	1129.60	1052.00	10.52	28
克州	38.00	48.03	61.41	76.59	90.32	101.50	21.71	1
博州	128.27	151.32	185.40	222.21	265.00	287.20	17.49	5
伊犁	891.30	1078.55	1251.96	1435.48	1612.04	1639.77	12.97	21
合计	8547.78	10468.88	12247.77	13913.94	15406.22	16240.26	13.69	—

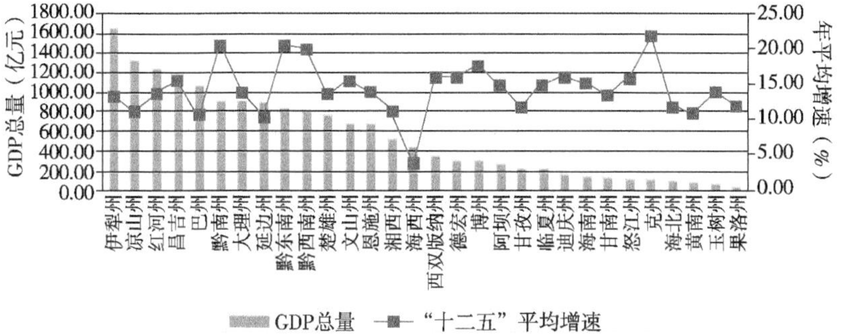

图 4－1 我国 30 个民族自治州 2015 年 GDP 排名及增速情况示意图

从 GDP 总量看，伊犁州在 2015 年实现国内生产总值 1639.77 亿元，高居 30 个自治州之首；凉山州以 1314.84 亿元紧随其后；红河州以 1222.28 亿元排名第三；第四至第十名排序依次为昌吉州（1140.00 亿元）、巴州（1052.00 亿元）、黔南州（902.91 亿元）、大理州（901.07 亿元）、延边州（886.10 亿元）、黔东南州（811.55 亿元）和黔西南州（801.65 亿元）；与“十一五”时期 GDP 总量排序前 10 名相比，黔东南州和黔西南州挤入了前 10，而楚雄州和海西州则落入 10 名以后；2015 年国内生产总值最低的 10 个州依次是果洛州（35.66 亿元）、玉树州（60.55 亿元）、黄南州（72.75 亿元）、海北州（94.86 亿元）、克州（101.50 亿元）、怒江州（113.45 亿元）、甘南州（126.54 亿元）、海南州（140.20 亿元）、迪庆州（161.14 亿元）和临夏州（211.41 亿元）。

（二）人均 GDP 保持较好上升势头

分析表 4－2、图 4－2，从人均 GDP 看，海西州 2015 年人均 GDP 高达 86713 元，是全国平均水平的 1.76 倍，高居 30 个自治州榜首，分列二、三、四位的是巴州（73649 元）、昌吉州（71251

元）和博州（59641 元），上述自治州是人均 GDP 超过全国平均水平（49351 元）仅有的 4 个自治州。人均 GDP 排名在第五至十位的自治州分别是延边州（41390 元）、迪庆州（39543 元）、伊犁州（34277 元）、海北州（31960 元）、海南州（30150 元）和西双版纳州（28945 元）；人均 GDP 最低的州为临夏州，其 2015 年人均 GDP 是 9680 元，仅为全国平均水平的 19.61%；排名倒数第二至第十名的自治州分别是玉树州（15455 元）、克州（16777 元）、甘南州（17990 元）、果洛州（18089 元）、甘孜州（18423 元）、文山州（18612 元）、湘西州（19488 元）、恩施州（20162 元）和怒江州（20895 元）。

表 4－2 “十二五”期间我国 30 个民族自治州人均 GDP 变化情况统计表

（单位：元）

自治州	2010 年	2011 年	2012 年	2013 年	2014 年	2015 年	年均增速(%)	增速排名
延边	24874	29802	35045	39199	41941	41390	10.72	24
恩施	8831	12696	14605	16699	18447	20162	17.95	6
湘西	10837	13100	15465	16171	17508	19488	12.45	20
阿坝	14771	18672	22525	25728	26924	28495	14.04	13
凉山	16373	22044	24669	26556	28556	28276	11.55	23
甘孜	11581	13882	15753	17809	18016	18423	9.73	28
黔东南	9239	11047	13783	16838	20178	23284	20.31	4
黔南	11039	13765	16573	19981	24791	27888	20.36	3
黔西南	9550	13380	14578	19840	23821	28464	24.41	1
西双版纳	14310	17366	20309	23670	26507	28945	15.13	9
文山	9434	11364	13459	15502	17169	18612	14.56	11

续表

自治州	2010年	2011年	2012年	2013年	2014年	2015年	年均增速(%)	增速排名
红河	14753	17270	19909	22442	24395	26345	12.29	21
德宏	11609	14157	16408	18663	19796	22990	14.64	10
怒江	10249	12075	13954	15936	18540	20895	15.31	8
迪庆	20343	23996	28133	32380	36213	39543	14.22	12
大理	13469	16389	19282	21727	23652	25459	13.58	15
楚雄	15466	17899	21021	23241	25744	27942	12.56	19
临夏	5319	6584	7712	8440	8519	9680	12.72	16
甘南	9943	12500	14004	15658	16421	17990	12.59	18
海北	20063	27393	33360	38545	36188	31960	9.76	27
黄南	17016	18751	22348	25300	25974	27177	9.82	26
海南	15823	18621	23287	25893	28479	30150	13.76	14
果洛	11250	14380	16458	16897	17744	18089	9.96	25
玉树	8532	11755	12158	13850	13961	15455	12.62	17
海西	65069	97747	114871	122114	111254	86713	5.91	30
昌吉	34937	43251	51211	58073	66031	71251	15.32	7
巴州	48224	57249	65394	71733	80843	73649	8.84	29
克州	7040	8664	10946	13294	15405	16777	18.97	5
博州	22836	31204	38141	49197	53847	59641	21.17	2
伊犁	19772	23450	26801	27652	28346	34277	11.63	22
全国平均	29992	36017	39544	43320	46628	49351	10.47	—

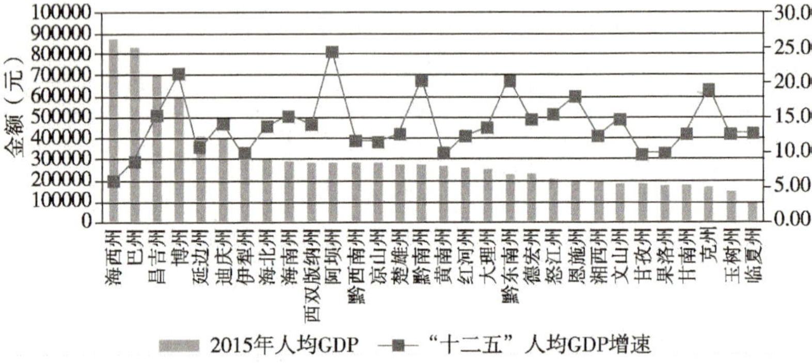

图4-2　我国30个民族自治州2015年人均GDP排名及增速情况

从年人均GDP增速看，“十二五”期间，民族自治州人均GDP也保持了较好的上升势头，在30个自治州中有24个州的年均增速超过了全国平均水平（10.47%），实现了双位数的快速增长。其中，增速最快的地区是黔西南州，年平均增速达到24.41%，高出全国平均增速水平13.94个百分点，排名第二至第十位的自治州分别是博州（21.17%）、黔南州（20.36%）、黔东南州（20.31%）、克州（18.97%）、恩施州（17.95%）、昌吉州（15.32%）、怒江州（15.31%）、西双版纳州（15.13%）和德宏州（14.64%）。人均GDP排名第一的海西州，其年均增速反而排名在最后一位，其“十二五”期间年均增速仅为5.91%；排名倒数第二至第十位的自治州分别是巴州（8.84%）、甘孜州（9.73%）、海北州（9.76%）、黄南州（9.82%）、果洛州（9.96%）、延边州（10.72%）、凉山州（11.55%）、伊犁州（11.63%）和红河州（12.29%）。

总体而言，“十二五”期间民族自治州地区人均GDP都保持了较好的发展态势，但还存在一些不足之处，值得引起深思。比如：第一，部分自治州人均GDP总量很高、排名靠前，但是年均增速却排名垫底，存在明显的发展“倒挂”现象。例如海西州、巴州和延边州 2015 年人均 GDP 总量排名分别为第一、二、五名，但是年均增速却分别为倒数第一、二、七位；第二，30 个自治州中，有 5 个自治州 2015 年的人均 GDP 并非“十二五”期间的最高值，而在“十一五”期间，30 个自治州在 2010 年的人均 GDP 全部为“十一五”时期最高值。上述情况在一定程度上反映出，“十二五”期间自治州在经济提档升级过程中面临着重重困难，一些自治州发展产生波折，个别地区甚至出现倒退现象。

（三）产业结构进一步优化

根据国内外学界的共识，在区域经济发展中，比较理想的三次产业结构应遵循“以第三产业为主、第二产业次之、第一产业最末”的总体格局，在三次产业的比重分布上，第一产业适宜控制在 5% 左右，第二产业 30% 左右，第三产业达到 70% 以上。在此基础上对“十二五”期间我国 30 个民族自治州产业结构变化情况进行分析（详见表 4－3）可以发现，自治州整体产业结构得到了进一步优化，继续向理想产业结构配比迈进，即第一产业占比进一步降低，第二产业占比继续降低，向 30% 的水平靠拢，第三产业占比不断向 70% 的高水平增长。

表 4－3　“十二五”期间我国 30 个民族自治州产业结构变化情况统计表

（单位：%）

自治州	2010 年三次产业比重			2015 年三次产业比重			各产业变动情况		
	一	二	三	一	二	三	一	二	三
延边	9.70	47.90	42.40	8.50	49.90	41.60	－1.20	2.00	－0.80
恩施	30.66	28.74	40.60	21.40	36.40	42.20	－9.26	7.66	1.60

续表一

自治州	2010 年三次产业比重			2015 年三次产业比重			各产业变动情况		
	一	二	三	一	二	三	一	二	三
湘西	16.27	39.94	43.79	14.80	33.90	51.30	-1.47	-6.04	7.51
阿坝	18.92	44.09	36.99	15.00	50.60	34.40	-3.92	6.51	-2.59
凉山	21.94	47.32	30.74	20.00	49.40	30.60	-1.94	2.08	-0.14
甘孜	23.42	36.57	40.01	25.50	35.60	38.90	2.08	-0.97	-1.11
黔东南	24.55	30.11	45.34	20.10	28.70	51.20	-4.45	-1.41	5.86
黔南	19.66	39.94	40.39	17.53	36.31	46.15	-2.13	-3.63	5.76
黔西南	17.44	38.47	44.09	21.00	34.10	44.90	3.56	-4.37	0.81
西双版纳	27.62	29.61	42.77	25.50	28.20	46.40	-2.12	-1.41	3.63
文山	22.16	37.01	40.83	21.80	36.00	42.20	-0.36	-1.01	1.37
红河	16.05	53.07	30.89	16.50	45.30	38.20	0.45	-7.77	7.31
德宏	26.49	33.86	39.65	25.10	24.60	50.30	-1.39	-9.26	10.65
怒江	12.11	36.03	51.86	16.56	30.60	52.84	4.45	-5.43	0.98
迪庆	9.52	38.27	52.20	6.70	34.90	58.40	-2.82	-3.37	6.20
大理	22.95	39.65	37.40	21.50	39.60	38.90	-1.45	-0.05	1.50
楚雄	22.38	42.49	35.14	10.90	47.30	41.80	-11.48	4.81	6.66
临夏	22.62	29.66	47.73	10.63	32.97	56.40	-11.99	3.31	8.67
甘南	23.47	23.70	52.83	13.20	7.10	79.70	-10.27	-16.60	26.87
海北	19.11	50.41	30.48	17.80	45.50	36.70	-1.31	-4.91	6.22
黄南	29.33	40.34	30.33	27.00	34.90	38.10	-2.33	-5.44	7.77
海南	26.80	44.16	29.05	22.00	50.00	28.00	-4.80	5.84	-1.05

续表二

自治州	2010 年三次产业比重			2015 年三次产业比重			各产业变动情况		
	一	二	三	一	二	三	一	二	三
果洛	21.54	41.70	36.76	16.48	38.37	45.15	-5.06	-3.33	8.39
玉树	56.43	22.85	20.72	43.00	38.00	19.00	-13.43	15.15	-1.72
海西	2.81	79.06	18.12	6.09	67.52	26.37	3.28	-11.54	8.25
昌吉	29.26	42.49	28.25	22.10	48.20	29.70	-7.16	5.71	1.45
巴州	16.93	65.20	17.87	18.70	57.00	24.30	1.77	-8.20	6.43
克州	20.84	22.32	56.84	14.10	30.50	55.40	-6.74	8.18	-1.44
博州	30.77	19.95	49.28	20.10	29.25	50.65	-10.67	9.30	1.37
伊犁	44.08	26.80	29.12	23.40	27.90	48.70	-20.68	1.10	19.58

分析表 4-3 可知，2010—2015 年，30 个自治州中有 24 个州的第一产业占国内生产总值比重降低（向 5% 靠拢），有 17 个州的第二产业比重向着 30% 的水平变化，有 23 个州的第三产业比重增加（向 70% 靠拢），显示出自治州整体的三次产业结构处于优化调整中。在第一产业的优化幅度上，伊犁州降幅最大，从 2010 年的 44.08% 下降到 2015 年的 23.40%，减少了 20.68 个百分点；玉树州、临夏州、楚雄州、博州、甘南州、恩施州、昌吉州、克州、果洛州的第一产业产值比重降幅分列第二至第十位，2010—2015 年分别下降了 13% ~5%；而怒江州、黔西南州、海西州、甘孜州、巴州、红河州 6 个地区的第一产业产值比重不降反升，其第一产业比重分别上升了 4.45%、3.56%、3.28%、2.08%、1.77% 和 0.45%，产业结构趋向更不合理。

需要指出的是，虽然自治州整体产业结构持续优化，但仍有一些地区存在着第一产业比重偏高的情况，如玉树州第一产业比重高达43.00%，此外，黄南州、甘孜州、西双版纳州、德宏州的第一产业比重也都超过25%，上述地区的产业结构优化调整空间仍然较大。

二、人民生活

从居民人均可支配收入的角度考察自治州人民生活水平变化情况可以发现，在“十二五”期间各民族自治州不论城镇居民、乡村居民，人均可支配收入均实现了快速增长（见表4-4），尤其是各州的乡村居民收入增长速度表现抢眼，全面超越了城镇居民。2015年，城镇居民人均可支配收入最高的地区是大理州，高达27106元；迪庆州（27097元）、楚雄州（26763元）、巴州（26523元）、红河州（26002元）、阿坝州（25939元）、昌吉州（25856元）、果洛州（25762元）、玉树州（25654元）、海西州（25419元）的城镇居民人均可支配收入分列第二至第十位。2015年，城镇居民人均可支配收入最低的地区是临夏州（16508元），仅为大理州的60.90%，占全国平均水平的52.92%；排名倒数第二至第十位的自治州依次是怒江州（19010元）、湘西州（19267元）、甘南州（19656元）、延边州（21734元）、恩施州（22198元）、克州（22465元）、德宏州（23010元）、黔东南州（23173元）、西双版纳州（23304元）。2015年，乡村居民人均可支配收入最高的地区是巴州，高达15678元，比全国11422元的平均水平高出4256元；高于全国平均水平的还有昌吉州（15633元）、伊犁州（12259元）、博州（12148元）；排名第五至第十位的自治州依次是海西州（10582元）、西双版纳州（10080元）、海北州（9836元）、阿坝州（9711元）、凉山州（9422元）、延边州（8965元）。30个自治州中，乡村居民人均可支配收入最低的地区是怒江州，仅有4791元，仅占巴州的30.56%，是全国平均水平的41.95%；排名在倒数第二至第十位的自治州依次是临夏州（5245元）、果洛州（5465元）、克州（5549元）、玉树州（5565元）、甘南州（5928元）、迪庆州（6487元）、湘西州（6648元）、黄南州（6819元）和黔东南州（6863元）。

表4-4 “十二五”期间我国30个民族自治州城乡居民人均可支配收入变化情况统计表 （单位：元，%）

自治州	城镇居民			乡村居民		
	2010年	2015年	年均增速	2010年	2015年	年均增速
延边	14769	21734	8.03	5416	8965	10.60
恩施	11406	22198	14.24	3255	7969	19.61
湘西	12115	19267	9.72	3173	6648	15.94
阿坝	15939	25939	10.23	3741	9711	21.02
凉山	14879	24084	10.11	4565	9422	15.60
甘孜	14880	24978	10.92	2744	8408	25.10
黔东南	14059	23173	10.51	3164	6863	16.75
黔南	14762	23911	10.13	3760	8047	16.44
黔西南	15001	23342	9.25	3246	7059	16.81
西双版纳	13383	23304	11.73	4354	10080	18.28
文山	14609	23753	10.21	2806	7699	22.37
红河	13416	26002	14.15	3922	8599	17.00
德宏	13788	23010	10.79	3368	7917	18.64
怒江	10479	19010	12.65	2005	4791	19.03

续表

自治州	城镇居民			乡村居民		
	2010 年	2015 年	年均增速	2010 年	2015 年	年均增速
迪庆	15996	27097	11.12	3347	6487	14.15
大理	15801	27106	11.40	3902	8806	17.68
楚雄	15624	26763	11.36	3896	8327	16.41
临夏	8260	16508	14.85	2375	5245	17.17
甘南	10374	19656	13.63	2689	5928	17.13
海北	15843	24606	9.20	4813	9836	15.37
黄南	14603	24406	10.82	3032	6819	17.60
海南	12555	24025	13.86	4490	8737	14.24
果洛	13760	25762	13.36	2629	5465	15.76
玉树	16306	25654	9.49	3663	5565	8.72
海西	16759	25419	8.69	5434	10582	14.26
昌吉	13589	25856	13.73	8806	15633	12.16
巴州	13809	26523	13.94	7432	15678	16.10
克州	8800	22465	20.62	1902	5549	23.88
博州	26732	24775	-1.51	7130	12148	11.25
伊犁	13238	24266	12.88	5405	12259	17.80
全国	19109	31195	10.30	5919	11422	14.05

“十二五”时期，30 个自治州中，除博州城镇居民收入出现负增长外，其他各州城镇居民人均可支配收入都在“十一五”基础上实现了大幅增长。城镇居民人均可支配收入增长最快的地区是克州，从 2010 年的 8800 元增长到 2015 年的 22465 元，年均增长率

20.62%；增速排名第二至第十位的地区分别是临夏州（14.85%）、恩施州（14.24%）、红河州（14.15%）、巴州（13.94%）、海南州（13.86%）、昌吉州（13.73%）、甘南州（13.63%）、果洛州（13.36%）、伊犁州（12.88%）。博州城镇居民人均可支配收入从2010年的26732元减少到2015年的24775元，年均递减1.51%，是唯一出现收入减少情况的自治州。此外，城镇居民人均可支配收入增长最慢的第二至第十位地区分别是延边州（8.03%）、海西州（8.69%）、海北州（9.2%）、黔西南州（9.25%）、玉树州（9.49%）、湘西州（9.72%）、凉山州（10.11%）、黔南州（10.13%）和文山州（10.21%）。在农村居民人均可支配收入方面，“十二五”时期增长最快的地区是甘孜州，从2010年的2744元增长到2015年的8408元，年均增速高达25.1%；在增速上位列第二至第十位的自治州分别是克州（23.88%）、文山州（22.37%）、阿坝州（21.02%）、恩施州（19.61%）、怒江州（19.03%）、德宏州（18.64%）、西双版纳州（18.28%）、伊犁州（17.8%）和大理州（17.68%）。农村居民人均可支配收入“十二五”时期增长最慢的地区是玉树州，从2010年的3663元增加到2015年的5565元，年均增速8.72%；增速排名倒数第二至第十位的地区分别是延边州（10.6%）、博州（11.25%）、昌吉州（12.16%）、迪庆州（14.15%）、海南州（14.24%）、海西州（14.26%）、海北州（15.37%）、凉山州（15.6%）和果洛州（15.76%）。

通过与全国平均水平相比较可以发现，“十二五”时期，有19个自治州的城镇居民人均可支配收入年均增速高于全国平均增速，有26个自治州的农村居民人均可支配收入的年均增速高于全国平均增速。总体来看，农村居民收入水平增长表现更为突出。

三、商品经济

在各类与消费有关的统计数据中，社会消费品零售总额是反映消费需求最直接的数据。社会消费品零售总额是国民经济各行业直接售给城乡居民和社会集团的消费品总额，反映了各行业通过多种商品流通渠道向居民和社会集团供应的生活消费品总量，是研究国内零售市场变动情况、反映经济景气程度的重要指标。

“十二五”时期，我国30个民族自治州的人均社会消费品零售总额均保持了较快速度的增长，有22个自治州的年平均增速超过了全国13.33%的平均水平，即便是增长最缓慢的海南州，也保持了10.38%的年均增速。从表4－5、图4－3可以看出，30个自治州中，2015年人均社会消费品零售总额最高的地区是延边州，为22532.77元，延边州也是唯一一个在人均总量上超过全国平均水平（21891.94元）的州，其他29个州当年的人均社会消费品零售总额均低于全国平均水平。昌吉州（16970.57元）、海西州（16125.84元）、巴州（12539.48元）和迪庆州（10181.79元）的人均社会消费品零售总额都在10000元以上，分列第二至第五位；排名第六至第十位的分别为楚雄州（9721.19元）、凉山州（9716.09元）、西双版纳州（8932.59元）、德宏州（8765.44元）和恩施州（8620.23元）。2015年，人均社会消费品零售总额最低的地区是玉树州，仅为2595.36元，仅占全国平均水平的11.86%；排在倒数第二位至第十位的地区分别是果洛州（2639.69元）、黄南州（3147.32元）、克州（3150.67元）、临夏州（3483.38元）、海南州（5329.74元）、黔南州（5403.34元）、怒江州（5410.35元）、甘南州（5897.87元）和海北州（6360.27元）。

表4－5　“十二五”期间我国30个民族自治州人均社会消费品零售总额变化情况统计表　（单位：元，%）

自治州	2010年	2011年	2012年	2013年	2014年	2015年	平均增速	增速排名
延边	11761.75	13858.82	16106.46	18578.40	20927.31	22532.77	13.89	21
恩施	3319.84	3909.16	4534.16	5384.05	7340.93	8620.23	21.03	3
湘西	4178.57	4789.78	5476.24	6178.06	7765.69	8620.23	15.58	11
阿坝	3678.24	4303.19	4983.43	5715.45	6433.77	8172.24	17.31	7
凉山	5113.38	5909.49	6717.28	8451.18	8749.85	9716.09	13.70	22
甘孜	3528.19	4044.66	4660.79	5285.13	5617.21	6369.65	12.54	27
黔东南	3473.25	3160.98	3677.42	4182.89	6276.92	7338.04	16.14	8
黔南	3007.98	2892.78	3359.75	3832.39	4327.11	5403.34	12.43	28
黔西南	2597.92	3053.31	3500.52	3014.22	6113.05	6809.26	21.25	2
西双版纳	4497.78	6377.39	7406.13	8328.97	8225.13	8932.59	14.71	16
文山	4106.61	4937.12	5788.21	6542.62	7337.32	8052.71	14.42	17
红河	3481.07	4152.89	4862.00	5494.12	6054.98	7016.34	15.05	15
德宏	4487.37	5348.62	6372.01	7165.41	7971.52	8765.44	14.33	18
怒江	2783.08	3370.89	3906.47	4416.36	4916.82	5410.35	14.22	19
迪庆	5538.26	7029.12	8318.71	9432.17	9445.96	10181.79	12.95	24
大理	4030.06	4806.74	5748.72	6536.48	7382.18	8290.93	15.52	12
楚雄	5043.78	6031.46	7058.12	8015.58	8737.90	9721.19	14.02	20
临夏	1678.92	1878.12	2127.59	2439.04	2747.50	3483.38	15.72	10
甘南	2886.31	3802.20	3561.13	4327.39	4762.04	5897.87	15.36	13
海北	3495.35	3929.94	4517.83	5088.73	5451.79	6360.27	12.72	26

续表

自治州	2010 年	2011 年	2012 年	2013 年	2014 年	2015 年	平均增速	增速排名
黄南	1702.38	1957.61	2228.11	2529.26	2833.02	3147.32	13.08	23
海南	3253.42	3775.78	3738.83	4203.50	4808.28	5329.74	10.38	30
果洛	1475.77	1738.17	1926.39	2177.26	2397.14	2639.69	12.33	29
玉树	913.23	960.78	1039.08	1165.34	2253.88	2595.36	23.23	1
海西	7685.60	12866.88	14793.02	16214.04	14641.87	16125.84	15.98	9
昌吉	7075.21	9538.25	11105.94	12973.17	15071.50	16970.57	19.12	5
巴州	5582.77	6478.03	7630.07	8746.87	9948.52	12539.48	17.57	6
克州	1543.16	1766.19	2083.56	2406.75	2751.60	3150.67	15.34	14
博州	3257.97	4354.60	5415.56	6040.43	6977.49	8129.45	20.07	4
伊犁	3828.83	4346.70	5024.57	5731.76	6255.59	6974.66	12.74	25
全国	11707.53	13450.55	15531.82	17224.70	19183.37	21891.94	13.33	21

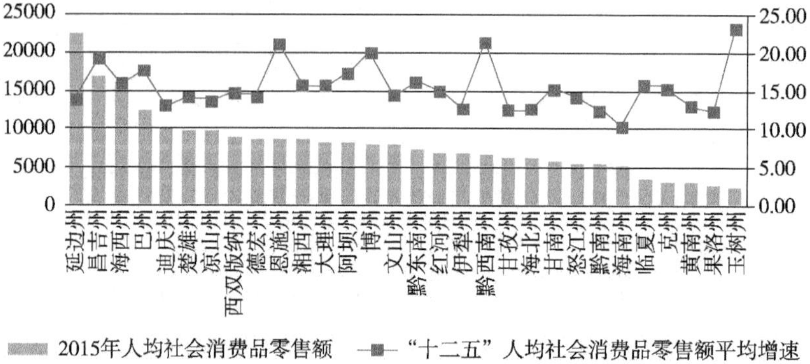

图 4－3　2015 年民族自治州人均社会消费品零售额排名及增速情况示意图

从各自治州人均社会消费品零售总额的年均增速看，玉树州是30个民族自治州中平均增速最快的地区，从2010年的913.23元增加到2015年的2595.36元，年平均增速达到23.23%，但该高增速是建立在最低人均社会消费品零售额的基础上的，即2010—2015年，玉树州的人均社会消费品零售总额在30个自治州中均排名末位。玉树的特殊情况，跟2010年4月发生的7.1级地震以及后来的灾后恢复重建有关联性，体现了实现灾后重建同时保障居民生活质量提升任务的艰巨性、复杂性和长期性。

四、财政金融

“十二五”时期，我国民族自治州的财政金融事业进一步发展壮大。各州人均财政支出迅速增长，30个民族自治州中有27个州的增速超过全国平均增速；人均存款金额不断突破新高，有19个自治州实现了5年内人均存款翻番。

（一）人均财政支出迅速增长

财政支出也称公共财政支出，是指在市场经济条件下，政府为提供公共产品和服务，满足社会公共需要而进行的财政资金的支付。财政支出是国家将通过各种形式筹集上来的财政收入进行分配和使用的过程。财政支出的增加可以通过乘数、加速数等原理对国民经济起到倍增的刺激拉动作用，进而带动居民收入增长和生活水平的提高。

通过表4-6、图4-4可以看出，各民族自治州2015年的人均财政支出相对2010年均取得了长足的发展。除玉树州（-7.92%）、阿坝州（0.41%）和甘南州（9.54%）3个地区的年平均增速低于全国平均增速（13.41%）外，其余27个州的年平均增速均超过全国平均水平。具体到2015年的人均财政支出，果洛州以32685.8元高居榜首，甘孜州（27163.71元）、迪庆州（27074.73元）分列第二、三位，第四至第十名排序依次是海西州（26315.79元）、黄南州（25663.82元）、海北州（24138.05元）、阿坝州（23142.67元）、海南州（21482.76元）、甘南州（20398.58元）和玉树州（20224.42元）。2015年人均财政支出最低的地区是文山州，仅6730.26元，排名倒数第二至第十位的地区分别是大理州（7739.93元）、楚雄州（7920.51元）、红河州（7938.71元）、凉山州（8154.29元）、临夏州（8743.22元）、西双版纳州（9077.74元）、湘西州（9295.88元）、黔南州（9541.94元）和黔西南州（9657.64元）。值得注意的是，2015年全国民族自治州人均财政支出前10名中，有5个自治州来自青海省，占青海省民族自治州总数的83%；后10名中，有5个自治州来自云南省，占云南省民族自治州总数的63%。

表4-6　“十二五”期间我国30个民族自治州人均财政支出变化情况统计表

（单位：元，%）

自治州	2010年	2011年	2012年	2013年	2014年	2015年	平均增速	增速排名
延边	6900.96	8583.19	9945.46	11216.38	11649.58	14227.53	15.57	23
恩施	3401.32	3991.92	4775.70	5344.83	6520.18	9993.99	24.06	4
湘西	3718.21	4382.89	5187.11	5969.21	7819.12	9295.88	20.11	9
阿坝	22678.02	15253.58	16644.79	19108.16	20895.36	23142.67	0.41	29
凉山	3984.01	5133.30	6042.96	7263.26	7149.56	8154.29	15.40	24
甘孜	12460.87	15550.04	19965.56	24987.34	25219.97	27163.71	16.87	17
黔东南	4157.33	4249.64	5396.76	6047.13	8867.86	10147.47	19.54	10

续表一

自治州	2010 年	2011 年	2012 年	2013 年	2014 年	2015 年	平均增速	增速排名
黔南	3014.85	4011.16	4392.60	5683.70	8182.44	9541.94	25.91	1
黔西南	3055.53	3990.54	5207.23	6009.43	8427.01	9657.64	25.88	2
西双版纳	3771.56	7052.95	8385.86	8356.44	7784.59	9077.74	19.20	11
文山	3259.84	4100.72	4742.26	5479.40	6045.99	6730.26	15.60	22
红河	3842.86	4806.23	5550.51	6893.29	7462.99	7938.71	15.62	21
德宏	4796.93	7562.47	8309.74	7999.72	9629.75	9736.51	15.21	25
怒江	6370.95	8153.17	9534.53	10387.51	11711.64	13261.31	15.79	19
迪庆	11385.22	18338.42	20266.00	30006.37	24849.09	27074.73	18.92	13
大理	3522.40	4500.01	5634.24	6246.03	6780.34	7739.93	17.05	15
楚雄	4152.04	4829.14	6038.67	6569.48	7519.06	7920.51	13.79	27
临夏	4004.80	5184.82	6285.86	6732.94	7821.23	8743.22	16.90	16
甘南	12934.78	12254.00	13982.35	15657.78	16642.92	20398.58	9.54	28
海北	10728.87	15355.52	18834.08	18274.23	20920.43	24138.05	17.61	14
黄南	9828.59	15506.74	11632.42	13331.14	21471.37	25663.82	21.16	7
海南	8533.15	15598.65	16265.59	15311.02	18708.06	21482.76	20.28	8
果洛	11982.38	21468.65	25098.04	25287.05	30326.95	32685.80	22.23	6
玉树	30554.07	29906.52	28540.07	17973.52	17292.08	20224.42	-7.92	30
海西	11005.88	24006.68	28953.11	25910.58	26117.93	26315.79	19.05	12
昌吉	6186.41	8623.36	10251.77	12015.28	17666.01	18425.70	24.39	3
巴州	7315.95	9379.21	12427.44	11716.01	14171.31	14338.61	14.41	26

续表二

自治州	2010 年	2011 年	2012 年	2013 年	2014 年	2015 年	平均增速	增速排名
克州	7902. 93	9965. 72	12777. 38	13245. 70	14683. 59	17172. 65	16. 79	18
博州	5983. 62	8419. 86	10908. 15	11443. 72	13543. 94	17284. 47	23. 63	5
伊犁	6475. 30	7562. 96	9210. 74	10059. 88	9936. 62	10885. 10	15. 73	20
全国	6702. 03	8084. 76	9284. 22	10269. 86	11087. 86	12786. 66	13. 41	—

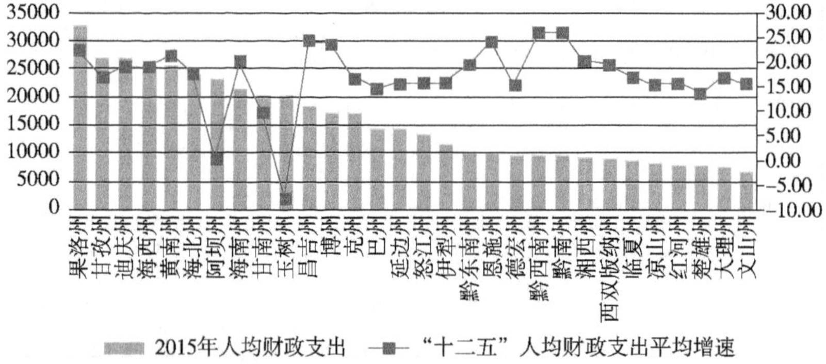

图 4－4　2015 年民族自治州人均财政支出排名及增速情况示意图

分析"十二五"时期民族自治州人均财政支出的增长情况，增速最快的是黔南州，从 2010 年的 3014. 85 元增加到 2015 年的 9541. 94 元，5 年增长了 2. 16 倍，年均增速达 25. 91%；排名第二至第十位的自治州分别是黔西南州（25. 88%）、昌吉州（24. 39%）、恩施州（24. 06%）、博州（23. 63%）、果洛州（22. 23%）、黄南州（21. 16%）、海南州（20. 28%）、湘西州（20. 11%）和黔东南州（19. 54%）。人均财政支出增长最慢的州是玉树州，从 2010 年的 30554. 07 元降低到 2015 年的 20224. 42 元，

5 年间人均财政支出数减少了 34%，年均增速为 -7.92%，这一特殊情况的部分原因在于，2010 年玉树 7.1 级地震发生后，国家加大了抢险和灾后重建的财政支出力度，随着恢复工作的开展，相关财政支出必然有所减小，增速随之相应下降。增速排名倒数第二至第十位的地区依次是阿坝州（0.41%）、甘南州（9.54%）、楚雄州（13.79%）、巴州（14.41%）、德宏州（15.21%）、凉山州（15.4%）、延边州（15.57%）、文山州（15.60%）和红河州（15.62%）。“十二五”时期全国人均财政支出平均年增速为 13.41%，30 个民族自治州中，除玉树州、甘南州和阿坝州以外，其余 27 个地区人均财政支出增长速度都快于全国平均增速，可见国家对民族地区的财政投入力度在不断加大。

（二）人均存款金额持续增加

存款指存款人在保留所有权的条件下把资金或货币暂时转让或存储于银行或其他金融机构，或者是说把使用权暂时转让给银行或其他金融机构的资金或货币，是最基本也是最重要的金融行为或活动，是银行最重要的信贷资金来源。居民储蓄的增长是国家经济实力不断增强的具体体现，也是经济进一步增长的动力。“十二五”期间，我国 30 个民族自治州人均存款金额都不断创出新高。（见表 4 -7）

表 4 -7　我国 30 个民族自治州 2015 年人均存款金额统计表

自治州	居民人均存款		自治州	居民人均存款	
	金额（元）	排名		金额（元）	排名
延边	66315.54	5	大理	36708.24	18
恩施	31546.14	25	楚雄	33454.81	22
湘西	32765.23	24	临夏	23893.34	30

续表

自治州	居民人均存款		自治州	居民人均存款	
	金额（元）	排名		金额（元）	排名
阿坝	57559.40	7	甘南	42002.84	10
凉山	29126.97	27	海北	41176.13	13
甘孜	50503.05	8	黄南	40093.09	14
黔东南	33224.02	23	海南	39098.88	16
黔南	36127.63	19	果洛	46123.83	9
黔西南	34122.13	21	玉树	37591.86	17
西双版纳	41476.28	12	海西	122045.76	1
文山	24318.45	29	昌吉	73490.73	2
红河	34973.12	20	巴州	69939.22	4
德宏	41993.75	11	克州	27555.33	28
怒江	31477.38	26	博州	60799.76	6
迪庆	73382.57	3	伊犁	40079.22	15

由表4-7可知，2015年人均存款最高的自治州是海西州，高达122045.76元，是排名第二位昌吉州（73490.73元）的1.66倍，是海西州2010年人均存款额43482.29元的2.81倍。海西州2015年的人均GDP、人均存款额都居于30个自治州的榜首，究其原因，主要是其以矿产开发等重工业为主的经济发展模式带来的经济发展水平的提升。2015年，海西州第二产业在三次产业结构中占比为67.52%，同样在30个自治州中居于榜首。人均存款排名第二至第十位的地区分别是昌吉州（73490.73元）、迪庆州（73382.57元）、巴州（69939.22元）、延边州（66315.54元）、博州

(60799.76 元)、阿坝州(57559.4 元)、甘孜州(50503.05 元)、果洛州(46123.83 元)和甘南州(42002.84 元)。人均存款最低的地区是临夏州,仅 23893.34 元,约占第一名海西州的 19.58%;排名倒数第二至第十位的自治州依次是文山州(24318.45 元)、克州(27555.33 元)、凉山州(29126.97 元)、怒江州(31477.38 元)、恩施州(31546.14 元)、湘西州(32765.23 元)、黔东南州(33224.02 元)、楚雄州(33454.81 元)和黔西南州(34122.13 元)。

五、交通与通信

国外学者对交通通信在经济发展中的重要作用早有著述,亚当·斯密认为,交通可以促进社会分工,一切改良中以交通改良最为有效。朱利安·西蒙指出:“如果经济发展的关键因素只有一个,那么它不是文化,也不是制度和心理特征,而是交通运输和通讯系统。”国内学者也通过实证研究证明,城镇居民交通通信消费支出的增加会促进经济增长,通信消费支出对经济的拉动作用超过了交通消费支出。因此,扩大我国城镇居民交通通信消费支出不失为推动经济增长的一条重要路径。

本研究选取“公路旅客周转量”作为考察民族自治州交通状况的指标,选取“百人拥有电话数量”作为考察民族自治州通信事业发展水平的指标。2015 年我国 30 个民族自治州公路旅客周转量及电话普及情况如表 4 - 8 所示。

表4－8　我国30个民族自治州2015年交通与通信发展情况统计表

自治州	公路旅客周转量		电话普及情况		自治州	公路旅客周转量		电话普及情况	
	万人千米	排名	百人电话数（部）	排名		万人千米	排名	百人电话数（部）	排名
延边	219000	15	203.60	1	大理	968881	3	—	—
恩施	216204	16	99.06	12	楚雄	169156	19	69.60	24
湘西	375502	8	56.70	29	临夏	143423	21	84.65	19
阿坝	301054	10	99.22	11	甘南	106848	23	88.11	16
凉山	281274	11	111.03	8	海北	25495	28	106.09	9
甘孜	151559	20	70.89	23	黄南	258800	14	124.29	6
黔东南	1290000	2	71.59	22	海南	195400	17	91.05	15
黔南	2383300	1	85.46	18	果洛	13211	30	86.46	17
黔西南	388200	7	82.61	20	玉树	465000	5	67.57	25
西双版纳	275392	12	91.37	14	海西	18082	29	135.59	3
文山	638108	4	66.04	26	昌吉	334433	9	128.44	4
红河	261602	13	80.97	21	巴州	178700	18	144.14	2
德宏	114780	22	105.33	10	克州	38400	27	64.74	27
怒江	48157	25	62.42	28	博州	38700	26	127.25	5
迪庆	106117	24	98.90	13	伊犁	453300	6	111.42	7

分析上表可知，在公路旅客周转量的排名上，黔南州位居30个自治州榜首，2015年公路旅客周转量达到2383300万人千米，是排名第二的黔东南州（1290000万人千米）的约2倍；排名第三至第十的地区分别是大理州（968881万人千米）、文山州（638108万

人千米）、玉树州（465000 万人千米）、伊犁州（453300 万人千米）、黔西南州（388200 万人千米）、湘西州（375502 万人千米）、昌吉州（334433 万人千米）和阿坝州（301054 万人千米）。30 个民族自治州中，公路旅客周转量最小的州是果洛州，其 2015 年公路旅客周转量仅 13211 万人千米，约为黔南州的 1/180；排名倒数第二至第十名的地区依次是海西州（18082 万人千米）、海北州（25495 万人千米）、克州（38400 万人千米）、博州（38700 万人千米）、怒江州（48157 万人千米）、迪庆州（106117 万人千米）、甘南州（106848 万人千米）、德宏州（114780 万人千米）和临夏州（143423 万人千米）。

在电话普及方面，2015 年电话普及率最高的地区是延边州，平均每百人拥有电话 203. 6 部；排名前 10 位的自治州电话普及率均超过了 100%，其中第二至第十名分别是巴州（144. 14 部）、海西州（135. 59 部）、昌吉州（128. 44 部）、博州（127. 25 部）、黄南州（124. 29 部）、伊犁州（111. 42 部）、凉山州（111. 03 部）、海北州（106. 09 部）和德宏州（105. 33 部）。排名倒数后 10 位的地区依次是湘西州（56. 7 部）、怒江州（62. 42 部）、克州（64. 74 部）、文山州（66. 04 部）、玉树州（67. 57 部）、楚雄州（69. 60 部）、甘孜州（70. 89 部）、黔东南州（71. 59 部）、红河州（80. 97 部）和黔西南州（82. 61 部）。

六、科教文卫事业

科教文卫事业是指科学技术、教育、文化和卫生事业。科学技术是第一生产力，教育是科学技术这一“第一生产力”的基础和源泉，文化和卫生事业的发展，直接关系到人民的健康水平和精神文化水平的提高。世界各国的经济发展历程证明，人力资本的投资和科学技术进步对经济发展和增长的推动作用巨大，大力发展科教文卫事业能收到事半功倍的效果。在本研究中，分别选取一个具有代表性的指标用于衡量科教文卫事业的发展水平。其中，“每十万人专利申请量”作为代表科技事业发展水平的指标，“人均教育经费”作为代表教育事业发展程度的指标，“电视人口覆盖率”作为代表文化事业发展水平的指标，“千人病床数”作为代表卫生事业发展状况的指标。我国30个民族自治州2015年的科教文卫事业发展情况如表4－9所示。

表4－9　2015年我国民族自治州科教文卫事业发展情况统计表

自治州	每十万人专利申请量		人均教育经费		电视人口覆盖率		每千人病床数	
	项/10万人	排名	元/人	排名	%	排名	张/千人	排名
延边	20.59	13	1858.61	19	97.52	15	5.20	13
恩施	27.71	9	1644.03	22	98.96	5	6.47	2
湘西	43.42	5	1566.14	24	97.20	17	4.06	25
阿坝	14.51	18	2950.53	10	98.10	10	4.77	16
凉山	2.85	29	1799.60	20	92.73	30	4.22	23
甘孜	26.78	10	2895.76	11	95.65	21	4.22	22
黔东南	40.43	6	2207.83	16	96.53	19	6.03	5
黔南	49.87	3	1986.37	17	95.67	20	3.64	28
黔西南	14.25	19	2363.91	15	95.20	24	4.49	21
西双版纳	9.45	24	1360.59	28	99.14	3	5.84	6
文山	9.07	25	1601.91	23	97.50	16	4.03	26

续表

自治州	每十万人专利申请量		人均教育经费		电视人口覆盖率		每千人病床数	
	项/10 万人	排名	元/人	排名	%	排名	张/千人	排名
红河	13.42	21	1458.06	27	98.30	7	5.37	11
德宏	18.22	15	1472.06	26	95.45	22	5.08	14
怒江	32.13	8	1972.30	18	95.12	25	4.10	24
迪庆	26.23	11	3510.47	4	98.62	6	3.16	30
大理	18.27	14	1500.89	25	99.85	2	4.63	18
楚雄	22.41	12	1327.53	29	97.94	13	5.44	9
临夏	13.25	22	1688.60	21	97.80	14	3.50	29
甘南	15.31	17	3282.24	5	100.00	1	3.98	27
海北	15.82	16	3131.31	8	98.00	12	4.70	17
黄南	4.07	28	4361.15	2	95.25	23	5.70	7
海南	12.21	23	3159.28	7	95.00	27	6.50	1
果洛	0.51	30	4805.68	1	98.25	8	4.80	15
玉树	8.93	26	3003.55	9	93.62	29	5.39	10
海西	38.55	7	3233.03	6	97.01	18	6.39	3
昌吉	96.93	1	2690.98	13	98.24	9	6.32	4
巴州	44.98	4	2786.50	12	98.99	4	5.36	12
克州	4.53	27	4303.66	3	95.06	26	5.50	8
博州	54.20	2	2651.66	14	98.06	11	4.59	20
伊犁	14.05	20	1230.20	30	94.59	28	4.62	19
全国	80.17	—	1890.74	—	98.77	—	5.11	—

由表4－9可知，在30个自治州中，2015年，每十万人专利申请量最高的地区是昌吉州，高达96.63项；博州以54.20项紧随其后；排名第三至第十位的地区依次为黔南州（49.87项）、巴州（44.98项）、湘西州（43.42项）、黔东南州（40.43项）、海西州（38.55项）、怒江州（32.13项）、恩施州（27.71项）和甘孜州（26.78项）。十万人专利申请量最少的地区是果洛州，仅0.51项；排在倒数第二至第十位的地区分别是凉山州（2.85项）、黄南州（4.07项）、克州（4.53项）、玉树州（8.93项）、文山州（9.07项）、西双版纳州（9.45项）、海南州（12.21项）、临夏州（13.25项）和红河州（13.42项）。2015年，全国每十万人平均专利申请量是80.17项，30个自治州中，仅有昌吉州超过全国平均水平。

人均教育经费支出情况，2015年，人均教育经费支出最高的地区是果洛州，为4805.68元；人均教育经费支出达到4000元水平的还有2个自治州，即黄南州（4361.15元）和克州（4303.66元）；排名第四至第十位的地区依次是迪庆州（3510.47元）、甘南州（3282.24元）、海西州（3233.03元）、海南州（3159.28元）、海北州（3131.31元）、玉树州（3003.55元）和阿坝州（2950.53元）。人均教育经费支出最低的地区是伊犁州，仅有1230.2元，约占第一名果洛州的四分之一；排名倒数第二至第十位的地区分别是楚雄州（1327.53元）、西双版纳州（1360.59元）、红河州（1458.06元）、德宏州（1472.06元）、大理州（1500.89元）、湘西州（1566.14元）、文山州（1601.91元）、恩施州（1644.03元）和临夏州（1688.60元）。2015年，全国人均教育经费支出为1890.74元，有18个自治州高于全国平均水平。

电视人口覆盖情况，2015年，甘南州在30个民族自治州中覆盖率最高，达到100%；排名第二至第十位的地区依次是大理州（99.85%）、西双版纳州（99.14%）、巴州（98.99%）、恩施州（98.96%）、迪庆州（98.62%）、红河州（98.30%）、果洛州（98.25%）、昌吉州（98.24%）和阿坝州（98.10%）。2015年电视人口覆盖率最低的地区是凉山州，仅为92.73%；排名倒数第二至第十位的地区分别是玉树州（93.62%）、伊犁州（94.59%）、海南州（95.00%）、克州（95.06%）、怒江州（95.12%）、黔西南州（95.20%）、黄南州（95.25%）、德宏州（95.45%）和甘孜州（95.65%）。

每千人病床拥有量情况，2015年，海南州是30个民族自治州每千人拥有病床数最高的地区，达到6.50张；排名第二至第十位的地区依次是恩施州（6.47张）、海西州（6.39张）、昌吉州（6.32张）、黔东南州（6.03张）、西双版纳州（5.84张）、黄南州（5.70张）、克州（5.50张）、楚雄州（5.44张）和玉树州（5.39张）。2015年每千人病床数最低的地区是迪庆州，仅为3.16张；排名倒数第二至第十位的地区分别是临夏州（3.50张）、黔南州（3.64张）、甘南州（3.98张）、文山州（4.03张）、湘西州（4.06张）、怒江州（4.10张）、凉山州（4.22张）、甘孜州（4.22张）和黔西南州（4.49张）。2015年，全国每千人平均病床拥有量为5.11张，有13个自治州高于全国平均水平。

七、资源利用与环境保护

建设生态文明，关系人民福祉，关乎民族未来，是中华民族实现永续发展的长远大计，是当下中国特色社会主义五位一体总体布局的重要组成部分。因此，加强环境保护，提高资源利用效率意义重大。为考察民族自治州的资源利用与环境保护情况，并考虑数据的可获取性，本研究选择了三个指标。①单位 GDP 能耗。单位 GDP 能耗，是指一定时期内一个国家（地区）每生产一个单位的国内（地区）生产总值所消耗的能源，一般以吨标准煤/万元为单位。为了反映能耗的动态水平，在此对单位 GDP 能耗降低率进行分析。单位 GDP 能耗降低率是相对于上一年度单位 GDP 能耗的同比下降降低率。②化学需氧量排放量，即衡量水中有机物质含量多少的指标，以万吨为单位。③森林覆盖率。单位 GDP 能耗同比下降率主要用于测度和评价能源利用效率，化学需氧量排放量、森林覆盖率主要用来分析环境保护情况。

表 4－10　2015 年我国民族自治州资源利用与环境保护情况统计表

自治州	单位 GDP 能耗降低率		化学需氧量排放量		森林覆盖情况	
	同比下降（%）	排名	万吨	排名	覆盖率（%）	排名
延边	3.50	17	3.24	25	80.80	1
恩施	4.88	15	4.03	27	63.10	8
湘西	7.45	8	2.76	20	70.24	5
阿坝	4.80	16	0.99	13	24.95	17
凉山	5.60	12	5.33	28	47.00	15
甘孜	-0.51	27	0.80	11	33.04	16
黔东南	12.86	2	2.98	21	65.03	7
黔南	11.29	4	2.58	17	57.36	11
黔西南	6.33	11	2.17	15	50.10	12
西双版纳	2.48	21	3.01	22	80.79	2
文山	8.93	5	3.22	24	50.01	13

续表

自治州	单位 GDP 能耗降低率		化学需氧量排放量		森林覆盖情况	
	同比下降（%）	排名	万吨	排名	覆盖率（%）	排名
红河	6.52	10	5.60	29	48.10	14
德宏	3.19	19	2.70	19	68.78	6
怒江	1.80	24	0.40	6	75.31	3
迪庆	5.03	14	0.60	8	75.03	4
大理	7.96	6	4.01	26	60.30	10
楚雄	6.58	9	2.60	18	62.48	9
临夏	0.10	26	3.12	23	16.40	21
甘南	2.57	20	0.85	12	24.33	18
海北	33.68	1	0.31	3	17.00	20
黄南	—	—	0.20	2	19.22	19
海南	3.38	18	0.45	7	10.08	25
果洛	-7.65	28	0.14	1	12.90	24
玉树	—	—	0.31	4	3.10	29
海西	12.66	3	2.29	16	3.40	28
昌吉	2.30	22	2.10	14	13.64	23
巴州	7.50	7	7.10	30	2.20	30
克州	2.19	23	0.39	5	3.82	27
博州	1.80	25	0.70	10	9.00	26
伊犁	5.60	13	0.67	9	16.30	22
全国水平	5.60	—	—	—	21.66	—

由表4－10可看出，除黄南州、玉树州暂无能耗相关统计数据外，2015年单位GDP能耗同比降幅最大的地区是海北州，高达33.68%；节能降幅排名第二至第十位的地区依次是黔东南州（12.86%）、海西州（12.66%）、黔南州（11.29%）、文山州（8.93%）、大理州（7.96%）、巴州（7.50%）、湘西州（7.45%）、楚雄州（6.58%）和红河州（6.52%）。单位GDP能耗不降反增的地区有果洛州（增长7.65%）、甘孜州（增长0.51%）。此外，降幅排名后10位的地区分别是临夏州（0.10%）、博州（1.80%）、怒江州（1.80%）、克州（2.19%）、昌吉州（2.30%）、西双版纳州（2.48%）、甘南州（2.57%）、德宏州（3.19%）、海南州（3.38%）和延边州（3.50%）。2015年，全国单位GDP能耗降低率是5.60%，在30个自治州中有13个州的降幅达到或超过全国平均水平。

在水污染控制方面，2015年30个自治州中化学需氧量排放量最低的地区是果洛州，仅为0.14万吨；排放量较少的第二至第十名分别是黄南州（0.20万吨）、海北州（0.31万吨）、玉树州（0.31万吨）、克州（0.39万吨）、怒江州（0.40万吨）、海南州（0.45万吨）、迪庆州（0.60万吨）、伊犁州（0.67万吨）和博州（0.70万吨）。排放量最大的是巴州，达到7.10万吨；排放量较大的第二至第十位的地区分别是红河州（5.60万吨）、凉山州（5.33万吨）、恩施州（4.03万吨）、大理州（4.01万吨）、延边州（3.24万吨）、文山州（3.22万吨）、临夏州（3.12万吨）、西双版纳州（3.01万吨）和黔东南州（2.98万吨）。

森林覆盖情况，延边州以80.80%的森林覆盖率高居30个民族自治州榜首，西双版纳州以80.79%的微弱劣势排名第二；森林覆盖率排名第三至第十位的地区依次是怒江州（75.31%）、迪庆州

(75.03%)、湘西州（70.24%)、德宏州（68.78%)、黔东南州（65.03%)、恩施州（63.10%)、楚雄州（62.48%）和大理州（60.30%)。森林覆盖率最低的地区是巴州，仅有2.20%；森林覆盖率排名倒数第二至第十位的地区分别是玉树州（3.10%)、海西州（3.40%)、克州（3.82%)、博州（9.00%)、海南州（10.08%)、果洛州（12.90%)、昌吉州（13.64%)、伊犁州（16.30%）和临夏州（16.40%)。2015年，全国森林覆盖率为21.66%，有18个自治州的森林覆盖率高于全国平均水平，2个自治州的森林覆盖率低于全国平均水平。

第五章　“十二五”期间民族自治州发展综合评估与分析

一、数据处理与模型过程

运用SPSS软件，求各个指标的特征向量、特征根和方差贡献率。由累计贡献率可知，前9个样本的累计贡献率为81.166%（见表5-1），基本接近于85%的值，所以本研究根据E≥85%准则确定主成分的个数。根据λm>λ准则，由前m个特征根与其均值的大小确定主成分个数。由于在SPSS软件中设定主成分特征值均值必须大于1，而第9特征根1.148>1，所以本研究选取前9个主成分。并用F1，F2，F3、F4、F5、F6、F7、F8、F9表示。其中第一主成分解释的信息量占总信息的21.953%，第二主成分解释的信息占总信息的16.569%，第三主成分占9.127%，第四个主成分占7.204%，第五个主成分占6.761%……第九个主成分占3.703%，9个主成分对总体解释程度达81.166%，因此在研究中采用9个主成分对主体进行评价。

表 5-1 各主成分的特征值、贡献率和累计贡献率

主成分	特征值	贡献率（%）	累计贡献率（%）
1	6.805	21.953	21.953
2	5.136	16.569	38.522
3	2.829	9.127	47.649
4	2.233	7.204	54.852
5	2.096	6.761	61.614
6	1.992	6.426	68.040
7	1.610	5.193	73.232
8	1.312	4.231	77.463
9	1.148	3.703	81.166

表 5-2 主成分初始因子载荷矩阵

指标	主成分1	主成分2	主成分3	主成分4	主成分5	主成分6	主成分7	主成分8	主成分9
人均GDP	0.927	-0.044	0.03	0.018	0.032	-0.106	0.106	-0.164	-0.058
人均地方财政收入	0.905	-0.017	0.044	0.029	0.046	-0.111	0.190	-0.166	-0.090
经济密度	-0.220	0.837	0.125	0.060	-0.118	0.254	0.023	-0.018	0.020
人均固定资产投资	0.825	-0.249	0.098	0.103	-0.073	0.087	0.251	-0.150	-0.149
第一产业所占比重	0.254	-0.388	0.703	0.021	0.350	0.161	0.024	0.219	-0.078

续表一

指标	主成分1	主成分2	主成分3	主成分4	主成分5	主成分6	主成分7	主成分8	主成分9
第二产业所占比重	0.812	-0.057	0.048	-0.136	-0.366	0.159	0.119	0.182	0.134
第三产业所占比重	-0.701	-0.091	0.348	0.140	0.471	-0.132	-0.156	-0.093	-0.231
基本养老保险覆盖率	-0.227	0.109	0.076	0.765	-0.231	0.187	-0.091	0.084	-0.032
医疗保障覆盖率	-0.152	-0.460	0.011	0.339	-0.101	0.070	-0.382	-0.128	0.459
失业保险覆盖率	0.761	0.152	0.005	-0.187	0.252	-0.267	-0.293	-0.137	-0.011
人均最低生活保障支出	0.528	0.150	-0.224	0.083	0.036	0.097	-0.453	0.430	-0.195
城镇居民人均可支配收入	0.503	-0.164	-0.196	0.430	0.070	0.132	0.300	0.470	0.194
农村居民人均纯收入	0.819	0.115	-0.429	0.074	0.078	-0.039	-0.052	-0.133	0.088

续表二

指标	主成分1	主成分2	主成分3	主成分4	主成分5	主成分6	主成分7	主成分8	主成分9
城镇恩格尔系数	0.011	0.365	-0.047	-0.528	-0.193	0.560	-0.086	0.165	0.212
乡村恩格尔系数	0.235	0.406	0.315	-0.080	-0.182	0.208	-0.441	-0.116	-0.354
城镇人均建筑面积	0.006	0.792	0.083	0.095	0.130	-0.254	0.159	0.020	0.156
农村人均住房面积	0.116	0.740	0.062	0.309	-0.052	0.060	0.232	-0.135	-0.187
公路旅客周转量	-0.111	0.515	-0.121	0.213	0.032	0.309	0.300	0.219	-0.414
人均社会消费品零售总额	0.737	0.391	0.256	-0.249	0.120	-0.041	-0.125	0.072	0.198
每百户电话拥有量	0.335	-0.027	0.627	-0.020	-0.304	0.308	0.214	-0.018	0.068
每十万人授权专利	0.293	0.367	-0.588	-0.020	0.213	-0.154	0.124	-0.123	-0.136
在校生均教育经费支出	0.133	-0.135	0.519	0.204	0.197	-0.450	0.206	0.345	-0.011

续表三

指标	主成分1	主成分2	主成分3	主成分4	主成分5	主成分6	主成分7	主成分8	主成分9
电视人口覆盖率	0.361	0.318	0.194	0.525	-0.213	-0.214	-0.279	-0.087	0.234
每万人文化馆数	0.045	-0.733	-0.027	0.077	-0.355	-0.174	0.126	0.049	-0.010
每万人报纸印数	0.130	-0.051	0.44	-0.519	-0.027	-0.267	-0.132	0.242	-0.122
每千人病床数	0.165	-0.297	-0.091	-0.008	0.425	0.754	-0.079	-0.071	0.055
每万人卫生机构人员	0.221	-0.330	0.069	0.174	0.797	0.293	0.025	-0.042	0.087
单位GDP能耗	0.140	0.405	-0.387	0.069	0.304	-0.175	-0.293	0.342	0.082
工业废水排放达标率	-0.209	0.540	0.201	-0.162	0.295	0.000	0.364	-0.286	0.356
耕地面积指数	-0.363	-0.178	-0.412	-0.309	0.023	-0.098	0.308	0.321	0.075
森林覆盖率	-0.258	0.727	0.316	0.010	0.073	-0.060	-0.019	0.234	0.243

表 5－3　旋转后的因子负荷矩阵

指标	旋转因子1	旋转因子2	旋转因子3	旋转因子4	旋转因子5	旋转因子6	旋转因子7	旋转因子8	旋转因子9
人均GDP	0.355	－0.019	0.018	0.012	0.022	－0.075	0.084	－0.143	－0.054
人均地方财政收入	0.347	－0.008	0.026	0.019	0.032	－0.079	0.150	－0.145	－0.084
经济密度	－0.084	0.369	0.074	0.040	－0.082	0.180	0.018	－0.016	0.019
人均固定资产投资	0.316	－0.110	0.058	0.069	－0.050	0.062	0.198	－0.131	－0.139
第一产业所占比重	0.097	－0.171	0.418	0.014	0.242	0.114	0.019	0.191	－0.073
第二产业所占比重	0.311	－0.025	0.029	－0.091	－0.253	0.113	0.094	0.159	0.125
第三产业所占比重	－0.269	－0.040	0.207	0.094	0.325	－0.094	－0.123	－0.081	－0.216
基本养老保险覆盖率	－0.087	0.048	0.045	0.512	－0.160	0.132	－0.072	0.073	－0.030
医疗保障覆盖率	－0.058	－0.203	0.007	0.227	－0.070	0.050	－0.301	－0.112	0.428

续表一

指标	旋转因子1	旋转因子2	旋转因子3	旋转因子4	旋转因子5	旋转因子6	旋转因子7	旋转因子8	旋转因子9
失业保险覆盖率	0.292	0.067	0.003	-0.125	0.174	-0.189	-0.231	-0.120	-0.010
人均最低生活保障支出	0.202	0.066	-0.133	0.056	0.025	0.069	-0.357	0.375	-0.182
城镇居民人均可支配收入	0.193	-0.072	-0.117	0.288	0.048	0.094	0.236	0.410	0.181
农村居民人均纯收入	0.314	0.051	-0.255	0.050	0.054	-0.028	-0.041	-0.116	0.082
城镇恩格尔系数	0.004	0.161	-0.028	-0.353	-0.133	0.397	-0.068	0.144	0.198
乡村恩格尔系数	0.090	0.179	0.187	-0.054	-0.126	0.147	-0.348	-0.101	-0.330
城镇人均建筑面积	0.002	0.350	0.049	0.064	0.090	-0.180	0.125	0.017	0.146
农村人均住房面积	0.044	0.327	0.037	0.207	-0.036	0.043	0.183	-0.118	-0.174

续表二

指标	旋转因子1	旋转因子2	旋转因子3	旋转因子4	旋转因子5	旋转因子6	旋转因子7	旋转因子8	旋转因子9
公路旅客周转量	-0.043	0.227	-0.072	0.143	0.022	0.219	0.236	0.191	-0.386
人均社会消费品零售总额	0.283	0.173	0.152	-0.167	0.083	-0.029	-0.099	0.063	0.185
每百户电话拥有量	0.128	-0.012	0.373	-0.013	-0.210	0.218	0.169	-0.016	0.063
每十万人授权专利	0.112	0.162	-0.350	-0.013	0.147	-0.109	0.098	-0.107	-0.127
在校生均教育经费支出	0.051	-0.060	0.309	0.136	0.136	-0.319	0.162	0.301	-0.010
电视人口覆盖率	0.138	0.140	0.115	0.351	-0.147	-0.152	-0.220	-0.076	0.218
每万人文化馆数	0.017	-0.323	-0.016	0.052	-0.245	-0.123	0.099	0.043	-0.009
每万人报纸印数	0.050	-0.023	0.262	-0.347	-0.019	-0.189	-0.104	0.211	-0.114

续表三

指标	旋转因子1	旋转因子2	旋转因子3	旋转因子4	旋转因子5	旋转因子6	旋转因子7	旋转因子8	旋转因子9
每千人病床数	0.063	-0.131	-0.054	-0.005	0.294	0.534	-0.062	-0.062	0.051
每万人卫生机构人员	0.085	-0.146	0.041	0.116	0.551	0.208	0.020	-0.037	0.081
单位GDP能耗	0.054	0.179	-0.230	0.046	0.210	-0.124	-0.231	0.299	0.077
工业废水排放达标率	-0.080	0.238	0.119	-0.108	0.204	0.000	0.287	-0.250	0.332
耕地面积指数	-0.139	-0.079	-0.245	-0.207	0.016	-0.069	0.243	0.280	0.070
森林覆盖率	-0.099	0.321	0.188	0.007	0.050	-0.043	-0.015	0.204	0.227

由表5-3，利用初始因子载荷矩阵的数据除以主成分相对应的特征值开平方根便得到9个主成分中每个主成分系数，由此可以写出9个主成分的表达式：

$F1 = 0.355X_1 + 0.347X_2 - 0.084X_3 + 0.316X_4 + 0.097X_5 + 0.311X_6 - 0.269X_7 - 0.087X_8 - 0.058X_9 + 0.292X_{10} + 0.202X_{11} + 0.193X_{12} + 0.314X_{13} + 0.004X_{14} + 0.090X_{15} + 0.002X_{16} + 0.044X_{17} - 0.043X_{18} + 0.283X_{19} + 0.128X_{20} + 0.112X_{21} + 0.051X_{22} + 0.138X_{23} + 0.017X_{24} + 0.050X_{25} + 0.063X_{26} + 0.085X_{27} + 0.054X_{28} - 0.080X_{29} -$

$0.139X_{30}-0.099X_{31}$

$F2=-0.019X_1-0.008X_2+0.369X_3-0.110X_4-0.171X_5-0.025X_6-0.040X_7+0.048X_8-0.203X_9+0.067X_{10}+0.066X_{11}-0.072X_{12}+0.051X_{13}+0.161X_{14}+0.179X_{15}+0.350X_{16}+0.327X_{17}+0.227X_{18}+0.173X_{19}-0.012X_{20}+0.162X_{21}-0.060X_{22}+0.140X_{23}-0.323X_{24}-0.023X_{25}-0.131X_{26}-0.146X_{27}+0.179X_{28}+0.238X_{29}-0.079X_{30}+0.321X_{31}$

$F3=0.018X_1+0.026X_2+0.074X_3+0.058X_4+0.418X_5+0.029X_6+0.207X_7+0.045X_8+0.007X_9+0.003X_{10}-0.133X_{11}-0.117X_{12}-0.255X_{13}-0.028X_{14}+0.187X_{15}+0.049X_{16}+0.037X_{17}-0.072X_{18}+0.152X_{19}+0.373X_{20}-0.350X_{21}+0.309_{22}+0.115X_{23}-0.016_{24}+0.262X_{25}-0.054X_{26}+0.041X_{27}-0.230X_{28}+0.119X_{29}-0.245X_{30}+0.188X_{31}$

……

$F9=-0.054X_1-0.084X_2+0.019X_3-0.139X_4-0.073X_5+0.125X_6-0.216X_7-0.030X_8+0.428X_9-0.010X_{10}-0.182X_{11}+0.181X_{12}+0.082X_{13}+0.198X_{14}-0.330X_{15}+0.146X_{16}-0.174X_{17}-0.386X_{18}+0.185X_{19}+0.063X_{20}-0.127X_{21}-0.010X_{22}+0.218X_{23}-0.009X_{24}-0.114X_{25}+0.051X_{26}+0.081X_{27}+0.077X_{28}+0.332X_{29}+0.070X_{30}+0.227X_{31}$

二、民族自治州评价结果及分析

（一）自治州综合评价结果整体分析

按照自治州发展评价指标体系，本研究搜集了全国 30 个民族自治州的相关数据，运用主成分分析法，测算出各自综合评价值，并按分值高低进行排序对比以及区域对比，具体结果见表5－4、图5－1。

1. 自治州综合评价结果横向比较分析

从2015年30个自治州综合评价得分的总体排名来看，昌吉州综合评价得分99.10分，综合发展水平位居30个自治州第一名。延边州综合评价得分97.14分，综合发展位居第二名。究其原因，首先从地理区位优势来看，昌吉州地处天山北麓、准噶尔盆地东南缘，东邻哈密地区，西接石河子市，南与吐鲁番地区、巴音郭楞蒙古自治州毗连，北与塔城、阿勒泰地区接壤，东北与蒙古国交界，是举世闻名的古“丝绸之路”新北道通往中亚、欧洲诸国的必经之路，是新疆西部大开发扶优扶强、在天山北坡经济带中首批推出的重点城市。此外，从产业发展来看，昌吉州是新疆工业经济相对集中、较为发达的地区，已初步形成以机电、农副产品加工、建筑建材、化工、轻纺、能源等为骨干的门类齐全、基础扎实的工业体系。作为乌鲁木齐经济圈中的重要城市和乌鲁木齐市的卫星城，已与新疆最大的消费市场和物流集散地乌鲁木齐市融为一体，可以最大限度地接收其能量辐射、经济延伸和科技依托，是辐射全疆，东联内地，西出中亚、欧洲市场的黄金通道和桥头堡。乌鲁木齐—昌吉核心区域是新疆最大的消费市场，是全疆最具活力、最具发展潜力的经济区域。延边州位于经济较为发达的吉林省，且地域辽阔、资源丰富，区位优势和政策优势明显。首先，延边州借助国家对边境地区的政策扶持，加快边境口岸、空港和铁路、公路、江堤等对外通道和基础设施建设，发展对俄、对韩、对朝贸易合作，拉动出口加工业。其次，在政策上，延边州已经受惠于图们江开发和西部大开发等特殊政策，这些政策为延边经济的发展起到了重大的推动作用。再次，振兴东北老工业基地，使延边州面临的政策机遇和有利条件更加集中，与其他自治州相比，这些政策和有利条件构成了延边州经济发展的特有优势。综合得分排名最低的是甘南州，为10.10分。究其现实原因来看，甘南州是全国10个藏族自治州之一，地处青藏高原东北边缘，甘肃省西南部，甘、青、川交界处，境内海拔大部分地区在3000米以上，属于典型高寒高阴湿地区。甘南州地处黄土高原、青藏高原、西秦岭山地的交汇地带，山大、沟深、坡陡，土地贫瘠，气候寒冷、阴湿，作物生产期短，冻、旱、涝、雹和滑坡、泥石流等灾害频发，地形条件恶劣，交通极为不便，国民经济和社会发展滞后的局面更趋严峻。

从发展的区域特征比较来看，甘肃省、青海省、新疆维吾尔自治区内的自治州发展明显落后，其中青海除海西州排名较为靠前外，其余自治州排名明显落后。海西州位于青海柴达木盆地，有着丰富的石油、煤以及多种金属矿藏，资源聚集明显，有力推动了海西州发展，使得海西州在贫困民族地区尤显突出。昌吉州和巴州在新疆整体落后的情况下异军突起，表现出发展比较优势。究其原因主要是因为昌吉州具有较为明显的区位优势和产业优势，煤炭、石油、天然气、农牧业等资源富集，在中央新的政策支持下，资源优势向经济优势、产业优势转换步伐大大加快，其潜在能量集聚释放，后发赶超优势明显。巴州则位于塔里木盆地，地域广阔，聚集优厚的自然资源与环境优势。

区域经济和社会发展的均衡程度也是民族地区经济和社会发展大局中必须充分关注的关键因素。从自治州发展评价差异来看，2015年全国30个自治州综合评价值的变异系数为46.52%，变动程度较大，30个自治州综合发展差异较大。从同一省域自治州综合评价的内部差异来看，涉及四川、贵州、云南、甘肃、青海、新疆6个省区，省域内自治州综合评价的变异系数分别为22.94%、15.98%、28.54%、19.76%、61.68%、55.91%。通过分析不难得知，青海省域内的自治州发展差异程度最大，贵州省域内的自治州发展差异程度最小，新疆、云南、四川、甘肃分列二、三、四、五位。除青海省域、新疆域内自治州综合评价指标变异系数高于30个自治州整体变异系数外，四川、贵州、云南、甘肃均低于自治州整体水平。由此说明，青海、新疆域内自治州发展的不均衡程度明显高于自治州整体的差异水平。

表5-4　2015年全国30个自治州综合评价得分排名统计表

所在省域	自治州	综合评价得分	排名	变异系数（原始评价值）
吉林	延边朝鲜族自治州	97.14	2	——
湖北	恩施土家族苗族自治州	90.80	6	——
湖南	湘西土家族苗族自治州	62.32	16	——
四川	阿坝藏族羌族自治州	46.59	20	22.94%
	凉山彝族自治州	64.54	14	
	甘孜藏族自治州	42.45	21	
贵州	黔南布依族苗族自治州	90.73	7	15.98%
	黔东南苗族侗族自治州	73.19	12	
	黔西南布依族苗族自治州	67.02	13	
云南	西双版纳傣族自治州	76.20	11	28.54%
	迪庆藏族自治州	93.52	4	
	德宏傣族景颇族自治州	57.25	18	
	楚雄彝族自治州	77.51	10	
	大理白族自治州	88.22	8	

续表

所在省域	自治州	综合评价得分	排名	变异系数（原始评价值）
	红河哈尼族彝族自治州	81.89	9	
	怒江傈僳族自治州	31.17	25	
	文山壮族苗族自治州	61.21	17	
甘肃	甘南藏族自治州	10.10	30	19.76%
	临夏回族自治州	13.38	29	
青海	海西蒙古族藏族自治州	95.75	3	61.68%
	海南藏族自治州	31.78	23	
	海北藏族自治州	35.72	22	
	黄南藏族自治州	27.60	26	
	玉树藏族自治州	48.80	19	
	果洛藏族自治州	22.76	28	
新疆	巴音郭楞蒙古自治州	93.31	5	55.91%
	昌吉回族自治州	99.10	1	
	博尔塔拉蒙古自治州	63.17	15	
	伊犁哈萨克自治州	31.63	24	
	克孜勒苏柯尔克孜自治州	22.89	27	

2. 自治州综合评价结果纵向比较分析

从综合评价结果的纵向比较来看，恩施、黔南、黔东南、黔西南、迪庆、大理、红河、文山、海西、海北、黄南、玉树、昌吉13个自治州“十二五”期间排名总体上升，凉山、楚雄、海南3个自治州“十二五”期间排名总体不变，延边、湘西、阿坝、甘孜、西双版纳、德宏、怒江、甘南、临夏、果洛、巴州、博州、伊犁、克州14个自治州"十二五"期间排名总体下降。从所在省域来看，贵州省域内自治州综合评价得分排名普遍上升，表现最为明显，其次是青海省域内的自治州。湖南省域内的湘西州综合评价得分排名下降明显，甘肃省域、新疆域内自治州普遍下降明显。

表5-5 "十二五"期间民族自治州发展综合评价位次变化

所在省域	自治州	2015年较2010年变化	位次变化说明
吉林	延边朝鲜族自治州	下降1名	总体优势明显，排名略微下降
湖北	恩施土家族苗族自治州	上升7名	排名显著上升
湖南	湘西土家族苗族自治州	下降8名	排名快速下降
四川	阿坝藏族羌族自治州	下降15名	下降态势明显
	凉山彝族自治州	不变	先下降后上升
	甘孜藏族自治州	下降5名	先快速下降后上升
贵州	黔南布依族苗族自治州	上升5名	稳步上升
	黔东南苗族侗族自治州	上升7名	上升态势
	黔西南布依族苗族自治州	上升12名	上升态势
云南	西双版纳傣族自治州	下降8名	快速下降
	迪庆藏族自治州	上升3名	先下降后上升
	德宏傣族景颇族自治州	下降9名	快速下降
	楚雄彝族自治州	不变	先下降后上升
	大理白族自治州	上升7名	先下降后快速上升
	红河哈尼族彝族自治州	上升8名	先下降后快速上升
	怒江傈僳族自治州	下降7名	下降态势明显
	文山壮族苗族自治州	上升4名	平稳上升

续表一

所在省域	自治州	2015年较2010年变化	位次变化说明
甘肃	甘南藏族自治州	下降10名	下降态势明显
	临夏回族自治州	下降1名	末位显著
青海	海西蒙古族藏族自治州	上升3名	上升态势
	海南藏族自治州	不变	平稳态势
	海北藏族自治州	上升2名	总体上升
	黄南藏族自治州	上升3名	上升态势
	玉树藏族自治州	上升11名	快速上升
	果洛藏族自治州	下降1名	快速上升后快速下降
新疆	巴音郭楞蒙古自治州	下降3名	下降态势
	昌吉回族自治州	上升3名	稳步上升态势
	博尔塔拉蒙古自治州	下降4名	下降态势
	伊犁哈萨克自治州	下降2名	下降态势
	克孜勒苏柯尔克孜自治州	下降1名	总体下降态势

表5-6 “十二五”期间民族自治州综合评价得分排名统计表

自治州	2010年		2012年		2015年	
	评价得分	排名	评价得分	排名	评价得分	排名
昌吉州	55.99	4	57.04	3	99.10	1
延边州	99.10	1	82.27	2	97.14	2
海西州	52.82	6	99.10	1	95.75	3
迪庆州	51.06	7	35.77	15	93.52	4
巴州	58.32	2	56.54	4	93.31	5

续表一

自治州	2010年		2012年		2015年	
	评价得分	排名	评价得分	排名	评价得分	排名
恩施州	36.13	13	37.11	11	90.80	6
黔南州	36.87	12	51.73	5	90.73	7
大理州	35.75	15	28.90	24	88.22	8
红河州	33.98	17	33.41	18	81.89	9
楚雄州	42.25	10	29.63	22	77.51	10
西双版纳州	57.06	3	36.41	14	76.20	11
黔东南州	32.42	19	32.86	19	73.19	12
黔西南州	25.48	25	41.40	9	67.02	13
凉山州	35.92	14	34.28	17	64.54	14
博州	40.04	11	35.12	16	63.17	15
湘西州	44.50	8	32.20	20	62.32	16
文山州	32.31	21	30.23	21	61.21	17
德宏州	43.49	9	41.90	8	57.25	18
玉树州	10.10	30	41.90	7	48.80	19
阿坝州	55.42	5	40.36	10	46.59	20
甘孜州	35.04	16	27.20	25	42.45	21
海北州	26.73	24	36.67	13	35.72	22
海南州	28.77	23	36.73	12	31.78	23
伊犁州	30.28	22	29.14	23	31.63	24
怒江州	32.57	18	10.10	30	31.17	25
黄南州	11.43	29	17.44	26	27.60	26

续表二

自治州	2010 年		2012 年		2015 年	
	评价得分	排名	评价得分	排名	评价得分	排名
克州	22.59	26	11.48	29	22.89	27
果洛州	19.97	27	47.09	6	22.76	28
临夏州	16.50	28	16.01	27	13.38	29
甘南州	31.63	20	15.38	28	10.10	30
变异系数	45.88%	——	49.83%	——	46.52%	——

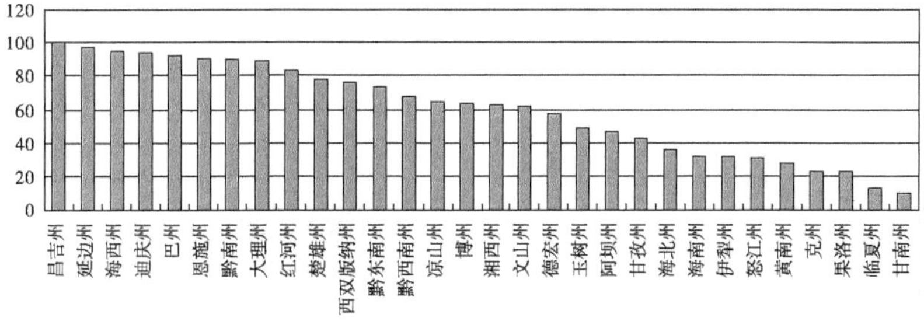

图 5-1 2015 年民族自治州评价得分及排序

（二）自治州综合评价结果的聚类特征分析

从上文分析可以看出，2015 年全国 30 个民族自治州综合发展的水平存在较大差异，为了进一步分析其差异的规律和特征，根据研究需要和数据特征，选用快速聚类法对 2015 年 30 个民族自治州的发展综合评价结果进行聚类分析，并对分异特征进行描述。利用 SPSS13.0 软件聚类结果进行方差分析表明 F = 155.800，sig. = 0.000，整体聚类效果较好。因此，将 30 个自治州聚类成 4 类区域

（表5-7）。

表5-7 全国30个自治州2015年综合发展水平的区域分类及特征

类别	自治州	特征
Ⅰ类区域（绝对优势）	延边州、恩施州、黔南州、迪庆州、大理州、红河州、海西州、巴州、昌吉州	所在省域经济发展较好，区位优势明显，资源丰富，政策支持优势明显。
Ⅱ类区域（相对优势）	湘西州、凉山州、黔东南州、黔西南州、西双版纳州、德宏州、楚雄州、文山州、博州	相比于落后民族地区而言，区位优势和自然资源优势较为明显，发展相对较好。
Ⅲ类区域（相对劣势）	阿坝州、甘孜州、怒江州、海南州、海北州、黄南州、玉树州、伊犁州	区位和地理劣势明显，发展基础较差，发展速度较慢，发展潜力一般。
Ⅳ类区域（绝对劣势）	甘南州、临夏州、果洛州、克州	自然资源和地理劣势极为明显，发展较为落后，且后续发展的制约因素明显。

2015年，我国民族自治州发展呈现较为明显的空间聚集特征，从分类结果来看，30个自治州按照内部比较主要分为：①绝对优势区，为延边州、恩施州、黔南州、迪庆州、大理州、红河州、海西州、巴州、昌吉州9个自治州，主要分布在内陆山区以及青海和新疆交界的盆地，所在省域经济发展较好，区位优势明显，资源丰富，政策支持优势明显；②相对优势区，包括湘西州、凉山州、黔东南州、黔西南州、西双版纳州、德宏州、楚雄州、文山州、博州9个自治州，主要分布在相对落后的民族地区，区位优势和自然资源优势较为明显，发展相对较好；③相对劣势区，主要包括阿坝

州、甘孜州、怒江州、海南州、海北州、黄南州、玉树州、伊犁州8个自治州，区位和地理劣势明显，发展基础较差，发展速度较慢，发展潜力一般；④绝对劣势区，主要包括甘南州、临夏州、果洛州、克州4个自治州，主要分布在青海、甘肃省省际结合部及新疆边疆地区，自然资源和地理劣势极为明显，发展较为落后，且后续发展的制约因素明显。

三、民族自治州发展具体方面评价分析

（一）经济发展

从经济发展方面来看，经济发展评价得分排名第一为海西州，评价得分为99.1，远高于排名第二名的昌吉州（评价得分64.93）。除海西、昌吉、巴州外，其他27个自治州评价得分均在50分以下。各民族自治州得分排名依次为海西州、昌吉州、巴州、迪庆州、延边州、玉树州、博州、阿坝州、海南州、海北州、果洛州、甘孜州、伊犁州、克州、凉山州、黄南州、怒江州、红河州、楚雄州、黔南州、西双版纳州、黔东南州、甘南州、黔西南州、大理州、恩施州、文山州、湘西州、德宏州、临夏州。从与2010年排名位次比较来看，2015年巴州等12个自治州经济发展评价得分排名位次较2010年上升，楚雄州经济发展排名位次相比于2010年不变，迪庆州等17个自治州2015年经济发展排名位次较2010年下降。具体来看：巴州上升25名，玉树州上升23名，海西州上升21名，昌吉州上升21名，果洛州上升16名，海南州上升15名，海北州上升15名，黄南州上升14名，伊犁州上升13名，克州上升7名，博州上升3名，凉山州上升2名，楚雄州名次不变，迪庆州下

降3名，西双版纳州下降3名，延边州下降3名，甘孜州下降4名，阿坝州下降5名，怒江州下降5名，黔东南州下降6名，黔南州下降6名，红河州下降7名，文山州下降7名，大理州下降10名，恩施州下降13名，甘南州下降17名，黔西南州下降19名，德宏州下降20名，临夏州下降23名，湘西州下降24名。

经济发展排名与自治州综合发展排名位次比较在一定程度上反映了自治州经济发展在综合发展中的作用。从比较结果来看，红河、楚雄、黔南、西双版纳、黔东南、黔西南、大理、恩施、文山、湘西、德宏11个自治州经济发展在综合发展中具有短板效应，玉树、博州、阿坝、海南、海北、果洛、甘孜、伊犁、克州、黄南、怒江、甘南12个自治州经济发展在综合发展中具有拉动效应，海西、昌吉、巴州、延边、凉山、临夏、迪庆7个自治州经济发展在综合发展中具有基本同步或同步效应。

表5－8　“十二五”期间全国30个自治州经济发展评价得分排名统计表

自治州	2010年	2012年	2015年		“十二五”期间排名变化	综合发展排名	经济发展与综合发展关系描述
	排名	排名	得分	排名			
海西州	22	1	99.10	1	21	3	基本同步
昌吉州	23	5	64.93	2	21	1	基本同步
巴州	28	3	64.68	3	25	5	基本同步
迪庆州	1	11	48.53	4	－3	4	同步
延边州	2	6	46.13	5	－3	2	基本同步
玉树州	29	2	42.04	6	23	19	拉动效应
博州	10	23	41.73	7	3	15	拉动效应

续表一

自治州	2010年	2012年	2015年		“十二五”期间排名变化	综合发展排名	经济发展与综合发展关系描述
	排名	排名	得分	排名			
阿坝州	3	10	40.77	8	-5	20	拉动效应
海南州	24	7	38.09	9	15	23	拉动效应
海北州	25	8	37.52	10	15	22	拉动效应
果洛州	27	4	31.28	11	16	28	拉动效应
甘孜州	8	19	29.54	12	-4	21	拉动效应
伊犁州	26	20	29.43	13	13	24	拉动效应
克州	21	30	27.55	14	7	27	拉动效应
凉山州	17	12	26.65	15	2	14	基本同步
黄南州	30	25	25.99	16	14	26	拉动效应
怒江州	12	26	24.97	17	-5	25	拉动效应
红河州	11	9	24.71	18	-7	9	短板效应
楚雄州	19	13	23.39	19	0	10	短板效应
黔南州	14	14	23.31	20	-6	7	短板效应
西双版纳州	18	27	23.28	21	-3	11	短板效应
黔东南州	16	21	22.22	22	-6	12	短板效应
甘南州	6	29	19.84	23	-17	30	拉动效应
黔西南州	5	17	19.05	24	-19	13	短板效应
大理州	15	15	18.68	25	-10	8	短板效应
恩施州	13	24	18.00	26	-13	6	短板效应
文山州	20	16	17.10	27	-7	17	短板效应

续表二

自治州	2010年	2012年	2015年		“十二五”期间排名变化	综合发展排名	经济发展与综合发展关系描述
	排名	排名	得分	排名			
湘西州	4	18	16.46	28	-24	16	短板效应
德宏州	9	22	15.84	29	-20	18	短板效应
临夏州	7	28	10.10	30	-23	29	基本同步

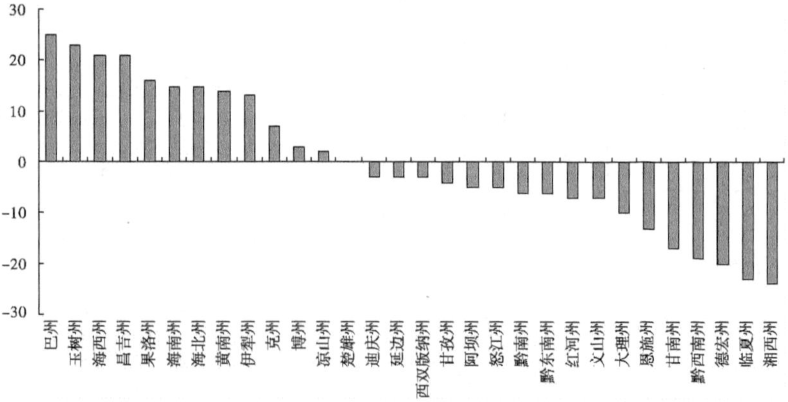

图 5-2 “十二五”期间民族自治州经济发展评价排序变化示意图

（二）社会保障

从社会保障方面来看，评价得分排名第一的为延边州，评价得分为 99.1，排名第二位的为昌吉州（评价得分 90.04）。除延边、昌吉、巴州、大理外，其他 26 个自治州评价得分均在 60 分以下。各民族自治州得分排名依次为延边州、昌吉州、巴州、大理州、博州、阿坝州、海西州、伊犁州、恩施州、克州、黄南州、湘西州、凉山州、楚雄州、迪庆州、黔南州、西双版纳州、海北州、海南州、甘南州、德宏州、怒江州、果洛州、文山州、玉树州、临夏州、红河州、甘孜州、黔西南州、黔东南州。从与2010年排名位次比较来看，2015年大理等13个自治州社会保障评价得分排名位次较2010年上升，延边、昌吉、巴州、阿坝、海南、黔西南6个自治州社会保障排名位次相较于2010年不变，黔南等11个自治州2015年社会保障排名位次较2010年下降。具体来看，大理州上升22名，恩施州上升16名，黄南州上升12名，凉山州上升9名，博州上升8名，迪庆州上升5名，克州上升4名，临夏州上升4名，伊犁州上升3名，文山州上升3名，玉树州上升3名，海西州上升1名，果洛州上升1名，延边州不变，昌吉州不变，巴州不变，阿坝州不变，海南州不变，黔西南州不变，黔南州下降1名，湘西州下降2名，楚雄州下降5名，德宏州下降5名，怒江州下降5名，红河州下降9名，黔东南州下降9名，西双版纳州下降12名，甘南州下降13名，海北州下降14名，甘孜州下降16名。

社会保障排名与自治州综合发展排名位次的比较，在一定程度上反映了自治州社会保障在综合发展中的作用。从比较结果来看，迪庆州、黔南州、西双版纳州、文山州、玉树州、红河州、甘孜州、黔西南州、黔东南州9个自治州的社会保障在综合发展中具有短板效应，博州、阿坝州、伊犁州、克州、黄南州、甘南州、果洛州7个自治州的社会保障在综合发展中具有拉动效应，延边、昌吉、巴州、大理、海西、恩施、湘西、凉山、楚雄、海北、海南、德宏、怒江、临夏14个自治州的社会保障在综合发展中具有基本同步效应。

表 5－9　“十二五”期间全国 30 个自治州社会保障方面评价得分排名

自治州	2010 年	2012 年	2015 年		“十二五”期间排名变化	综合评价排名	社会保障与综合发展关系描述
	排名	排名	得分	排名			
延边州	1	1	99.10	1	0	2	基本同步
昌吉州	2	5	90.04	2	0	1	基本同步
巴州	3	7	74.85	3	0	5	基本同步
大理州	26	27	72.27	4	22	8	基本同步
博州	13	11	51.16	5	8	15	拉动效应
阿坝州	6	22	45.33	6	0	20	拉动效应
海西州	8	12	43.26	7	1	3	基本同步
伊犁州	11	9	41.25	8	3	24	拉动效应
恩施州	25	13	39.49	9	16	6	基本同步
克州	14	10	37.71	10	4	27	拉动效应
黄南州	23	15	31.79	11	12	26	拉动效应
湘西州	10	24	30.34	12	－2	16	基本同步
凉山州	22	26	29.85	13	9	14	基本同步
楚雄州	9	20	29.67	14	－5	10	基本同步
迪庆州	20	16	28.73	15	5	4	短板效应
黔南州	15	3	28.25	16	－1	7	短板效应
西双版纳州	5	17	23.79	17	－12	11	短板效应
海北州	4	2	22.89	18	－14	22	基本同步
海南州	19	18	22.03	19	0	23	基本同步
甘南州	7	21	21.52	20	－13	30	拉动效应

续表一

自治州	2010年	2012年	2015年		“十二五”期间排名变化	综合评价排名	社会保障与综合发展关系描述
	排名	排名	得分	排名			
德宏州	16	19	21.33	21	-5	18	基本同步
怒江州	17	29	20.03	22	-5	25	基本同步
果洛州	24	4	19.81	23	1	28	拉动效应
文山州	27	23	19.67	24	3	17	短板效应
玉树州	28	8	18.78	25	3	19	短板效应
临夏州	30	14	17.00	26	4	29	基本同步
红河州	18	25	16.90	27	-9	9	短板效应
甘孜州	12	28	13.30	28	-16	21	短板效应
黔西南州	29	6	11.93	29	0	13	短板效应
黔东南州	21	30	10.10	30	-9	12	短板效应

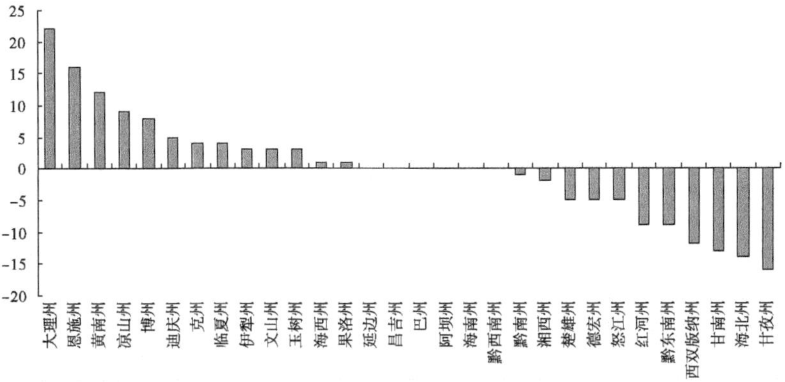

图5-3 “十二五”期间民族自治州社会保障评价排序变化示意图

（三）生活质量

从生活质量方面来看，评价得分排名第一的为延边州，评价得分为99.10，排名第二的为海西州（评价得分93.10）。除延边、海西、昌吉、巴州、恩施、凉山、西双版纳，其他23个自治州评价得分均在60分以下。各民族自治州生活质量评价得分排名依次为延边州、海西州、昌吉州、巴州、恩施州、凉山州、西双版纳州、大理州、湘西州、阿坝州、德宏州、海南州、博州、红河州、楚雄州、文山州、黔西南州、迪庆州、黔南州、海北州、黔东南州、黄南州、伊犁州、临夏州、果洛州、甘孜州、玉树州、怒江州、甘南州、克州。从与2010年排名位次比较来看，2015年凉山州等13个自治州生活质量评价得分排名位次较2010年上升，延边州、海西州、昌吉州、巴州、黔南州5个自治州生活质量排名位次相比于2010年不变，西双版纳州等12个自治州2015年生活质量排名位次较2010年下降。具体来看，凉山州上升9名，湘西州上升7名，文山州上升6名，黔西南州上升6名，海北州上升6名，大理州上升5名，恩施州上升4名，红河州上升4名，果洛州上升4名，黄南州上升3名，临夏州上升3名，海南州上升2名，怒江州上升2名，延边州不变，海西州不变，昌吉州不变，巴州不变，黔南州不变，西双版纳州下降1名，阿坝州下降2名，克州下降2名，楚雄州下降3名，玉树州下降3名，德宏州下降4名，黔东南州下降4名，甘孜州下降6名，博州下降8名，迪庆州下降8名，甘南州下降8名，伊犁州下降12名。

生活质量排名与自治州综合发展位次的比较，能够从一定程度上反映自治州生活质量在综合发展中的作用。从比较结果来看，红河州、楚雄州、迪庆州、黔南州、黔东南州、甘孜州、玉树州7个自治州生活质量在综合发展中具有短板效应，凉山州、湘西州、阿坝州、德宏州、海南州、临夏州6个自治州生活质量在综合发展中具有拉动效应，延边州、海西州、昌吉州、巴州、恩施州、西双版纳州、博州、文山州、黔西南州、海北州、黄南州、伊犁州、果洛州、怒江州、甘南州、克州、大理州17个自治州生活质量在综合发展中具有基本同步或同步效应。

表5-10 “十二五”期间全国30个自治州生活质量评价得分排名统计表

自治州	2010年	2012年	2015年		“十二五”期间排名变化	综合评价排名	生活质量与综合发展关系描述
	排名	排名	得分	排名			
延边州	1	1	99.10	1	0	2	基本同步
海西州	2	3	93.10	2	0	3	基本同步
昌吉州	3	2	85.49	3	0	1	基本同步
巴州	4	4	82.20	4	0	5	基本同步
恩施州	9	13	74.98	5	4	6	基本同步
凉山州	15	17	72.71	6	9	14	拉动效应
西双版纳州	6	15	61.53	7	-1	11	基本同步
大理州	13	7	55.92	8	5	8	同步
湘西州	16	19	54.80	9	7	16	拉动效应
阿坝州	8	12	53.57	10	-2	20	拉动效应
德宏州	7	14	50.92	11	-4	18	拉动效应
海南州	14	11	50.51	12	2	23	拉动效应
博州	5	6	50.47	13	-8	15	基本同步
红河州	18	16	50.46	14	4	9	短板效应

续表一

自治州	2010年	2012年	2015年		“十二五”期间排名变化	综合评价排名	生活质量与综合发展关系描述
	排名	排名	得分	排名			
楚雄州	12	10	47.42	15	-3	10	短板效应
文山州	22	21	46.52	16	6	17	基本同步
黔西南州	23	22	43.23	17	6	13	基本同步
迪庆州	10	20	41.79	18	-8	4	短板效应
黔南州	19	5	39.82	19	0	7	短板效应
海北州	26	18	38.43	20	6	22	基本同步
黔东南州	17	9	36.85	21	-4	12	短板效应
黄南州	25	23	36.12	22	3	26	基本同步
伊犁州	11	8	34.95	23	-12	24	基本同步
临夏州	27	28	26.24	24	3	29	拉动效应
果洛州	29	26	18.83	25	4	28	基本同步
甘孜州	20	24	18.66	26	-6	21	短板效应
玉树州	24	25	17.82	27	-3	19	短板效应
怒江州	30	30	15.56	28	2	25	基本同步
甘南州	21	27	13.16	29	-8	30	基本同步
克州	28	29	10.10	30	-2	27	基本同步

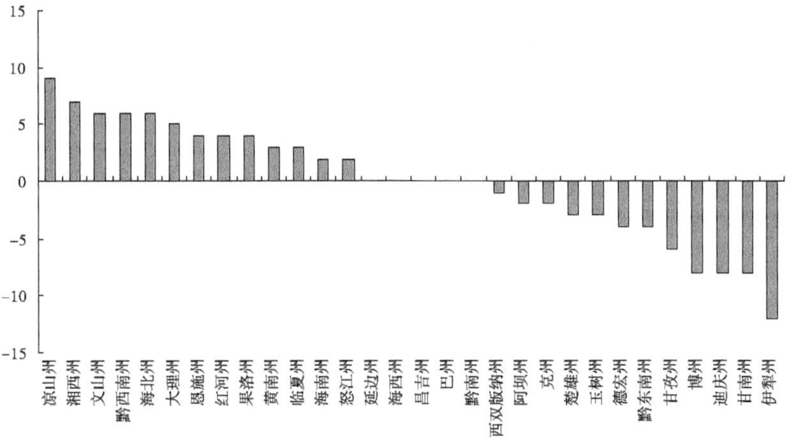

图5-4 “十二五”期间民族自治州生活质量评价排序变化示意图

（四）科技教育与卫生

从科技教育与卫生方面来看，评价得分排名第一为玉树州，评价得分为99.1，远高于排名第二名的迪庆州（评价得分59.8）。除玉树外，其他29个自治州评价得分均在60分以下。各民族自治州得分排名依次为玉树州、迪庆州、延边州、巴州、西双版纳州、昌吉州、黔东南州、甘孜州、恩施州、博州、克州、海西州、阿坝州、德宏州、海南州、楚雄州、凉山州、伊犁州、湘西州、黄南州、红河州、黔西南州、大理州、文山州、甘南州、海北州、黔南州、怒江州、临夏州、果洛州。从与2010年排名位次比较来看，2015年玉树州等14个自治州科技教育与卫生评价得分排名位次较2010年上升，迪庆州科技教育与卫生排名位次相较2010年不变，延边州等15个自治州2015年科技教育与卫生排名位次较2010年下降。具体来看，玉树州上升24名，恩施州上升19名，黔东南州上升 17 名，红河州上升 9 名，西双版纳州上升 8 名，黄南州上升 7 名，黔西南州上升 7 名，昌吉州上升 5 名，巴州上升 2 名，甘孜州上升 2 名，文山州上升 2 名，德宏州上升 1 名，凉山州上升 1 名，伊犁州上升 1 名，迪庆州不变，延边州下降 2 名，克州下降 2 名，博州下降 3 名，大理州下降 3 名，楚雄州下降 4 名，海北州下降 5 名，黔南州下降 5 名，临夏州下降 6 名，阿坝州下降 10 名，海南州下降 10 名，海西州下降 11 名，湘西州下降 11 名，果洛州下降 13 名，怒江州下降 14 名，甘南州下降 21 名。

科技教育与卫生排名和自治州综合发展排名位次的比较，在一定程度上反映自治州科技教育与卫生在综合发展中的作用。从比较结果来看，海西州、楚雄州、红河州、黔西南州、大理州、文山州、黔南州 7 个自治州科技教育与卫生在综合发展中具有短板效应，玉树州、西双版纳州、黔东南州、甘孜州、博州、克州、阿坝州、海南州、伊犁州、黄南州 10 个自治州科技教育与卫生在综合发展中具有拉动效应，迪庆州、延边州、巴州、昌吉州、恩施州、德宏州、凉山州、湘西州、甘南州、海北州、怒江州、果洛州、临夏州 13 个自治州科技教育与卫生在综合发展中具有基本同步或同步效应。

表 5－11　“十二五”期间全国 30 个自治州科技教育与卫生方面评价得分排名统计表

自治州	2010 年	2012 年	2015 年		“十二五”期间排名变化	综合评价排名	科技教育与卫生和综合发展关系描述
	排名	排名	得分	排名			
玉树州	25	30	99. 10	1	24	19	拉动效应
迪庆州	2	7	59. 80	2	0	4	基本同步
延边州	1	2	52. 45	3	－2	2	基本同步

续表一

自治州	2010年	2012年	2015年		“十二五”期间排名变化	综合评价排名	科技教育与卫生和综合发展关系描述
	排名	排名	得分	排名			
巴州	6	4	48.78	4	2	5	基本同步
西双版纳州	13	13	48.55	5	8	11	拉动效应
昌吉州	11	10	47.83	6	5	1	基本同步
黔东南州	24	24	46.95	7	17	12	拉动效应
甘孜州	10	9	46.57	8	2	21	拉动效应
恩施州	28	28	44.94	9	19	6	基本同步
博州	7	5	44.73	10	-3	15	拉动效应
克州	9	26	44.34	11	-2	27	拉动效应
海西州	1	16	42.04	12	-11	3	短板效应
阿坝州	3	6	40.80	13	-10	20	拉动效应
德宏州	15	3	38.94	14	1	18	基本同步
海南州	5	12	38.50	15	-10	23	拉动效应
楚雄州	12	14	36.95	16	-4	10	短板效应
凉山州	18	19	35.07	17	1	14	基本同步
伊犁州	19	15	34.82	18	1	24	拉动效应
湘西州	8	25	33.97	19	-11	16	基本同步
黄南州	27	20	31.63	20	7	26	拉动效应
红河州	30	21	30.64	21	9	9	短板效应
黔西南州	29	29	30.46	22	7	13	短板效应
大理州	20	17	29.05	23	-3	8	短板效应

续表二

自治州	2010年	2012年	2015年		“十二五”期间排名变化	综合评价排名	科技教育与卫生和综合发展关系描述
	排名	排名	得分	排名			
文山州	26	18	27.97	24	2	17	短板效应
甘南州	4	8	27.86	25	-21	30	基本同步
海北州	21	16	26.63	26	-5	22	基本同步
黔南州	22	27	25.90	27	-5	7	短板效应
怒江州	14	22	18.36	28	-14	25	基本同步
临夏州	23	23	17.26	29	-6	29	同步
果洛州	17	11	10.10	30	-13	28	基本同步

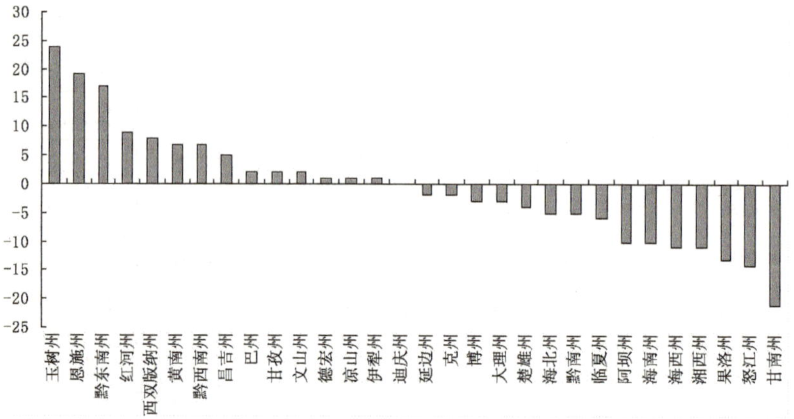

图5-5 “十二五”期间民族自治州科技教育与卫生评价排序变化示意图

（五）资源与环境

从资源与环境方面来看，评价得分排名第一位的是延边州，评价得分为99.1，排名第二、第三、第四位的依次为西双版纳州（98.5）、大理州（98.05）、伊犁州（94.91），排名前四位的自治州评价得分均在90分以上。甘孜州等13个自治州评价得分均在60分以下。各民族自治州得分排名依次为延边州、西双版纳州、大理州、伊犁州、黔南州、德宏州、凉山州、怒江州、黔东南州、湘西州、红河州、恩施州、楚雄州、文山州、迪庆州、黔西南州、博州、甘孜州、克州、甘南州、海北州、黄南州、昌吉州、海西州、果洛州、巴州、玉树州、阿坝州、海南州、临夏州。从与2010年排名位次比较来看，2015年伊犁州等14个自治州资源与环境评价得分排名位次较2010年上升，凉山州排名位次相较2010年不变，西双版纳州等15个自治州2015年资源与环境排名位次较2010年下降。具体来看，伊犁州上升24名，大理州上升15名，博州上升9名，海北州上升9名，延边州上升8名，甘南州上升7名，黄南州上升7名，楚雄州上升6名，克州上升5名，德宏州上升4名，怒江州上升4名，红河州上升2名，迪庆州上升2名，海西州上升1名，凉山州不变，西双版纳州下降1名，昌吉州下降2名，黔南州下降3名，恩施州下降4名，甘孜州下降4名，巴州下降4名，黔东南州下降5名，海南州下降6名，湘西州下降7名，文山州下降9名，黔西南州下降10名，果洛州下降10名，临夏州下降10名，玉树州下降11名，阿坝州下降17名。

资源与环境排名和自治州综合发展排名位次的比较，可以从一定程度上反映自治州资源与环境在综合发展中的作用。从比较结果来看，恩施州、迪庆州、昌吉州、海西州、巴州、玉树州、阿坝州、海南州8个自治州资源与环境在综合发展中具有短板效应，西双版纳州、大理州、伊犁州、黔南州、德宏州、凉山州、怒江州、湘西州、克州、甘南州10个自治州资源与环境在综合发展中具有拉动效应，延边州、黔东南州、红河州、楚雄州、文山州、黔西南州、博州、甘孜州、海北州、黄南州、果洛州、临夏州12个自治州资源与环境在综合发展中具有基本同步效应。

表5-12　“十二五”期间全国30个自治州资源与环境方面评价得分排名

自治州	2010年	2012年	2015年		“十二五”期间排名变化	综合评价排名	资源与环境和综合发展关系描述
	排名	排名	得分	排名			
延边州	9	13	99.10	1	8	2	基本同步
西双版纳州	1	7	98.50	2	-1	11	拉动效应
大理州	18	19	98.05	3	15	8	拉动效应
伊犁州	28	28	94.91	4	24	24	拉动效应
黔南州	2	3	88.08	5	-3	13	拉动效应
德宏州	10	6	86.01	6	4	18	拉动效应
凉山州	7	10	83.11	7	0	14	拉动效应
怒江州	12	16	82.68	8	4	25	拉动效应
黔东南州	4	4	82.22	9	-5	12	基本同步
湘西州	3	5	82.14	10	-7	16	拉动效应
红河州	13	15	79.95	11	2	9	基本同步
恩施州	8	2	78.33	12	-4	6	短板效应
楚雄州	19	25	75.15	13	6	10	基本同步
文山州	5	11	74.87	14	-9	17	基本同步

续表一

自治州	2010年	2012年	2015年		“十二五”期间排名变化	综合评价排名	资源与环境和综合发展关系描述
	排名	排名	得分	排名			
迪庆州	17	22	71.85	15	2	4	短板效应
黔西南州	6	1	66.53	16	-10	13	基本同步
博州	26	24	64.23	17	9	15	基本同步
甘孜州	14	12	57.11	18	-4	21	基本同步
克州	24	26	54.27	19	5	27	拉动效应
甘南州	27	27	52.55	20	7	30	拉动效应
海北州	30	30	32.76	21	9	22	基本同步
黄南州	29	29	29.04	22	7	26	基本同步
昌吉州	21	17	27.75	23	-2	1	短板效应
海西州	25	23	25.36	24	1	3	短板效应
果洛州	15	9	23.14	25	-10	28	基本同步
巴州	22	20	20.60	26	-4	5	短板效应
玉树州	16	8	16.70	27	-11	19	短板效应
阿坝州	11	14	16.26	28	-17	20	短板效应
海南州	23	21	14.93	29	-6	23	短板效应
临夏州	20	18	10.10	30	-10	29	基本同步

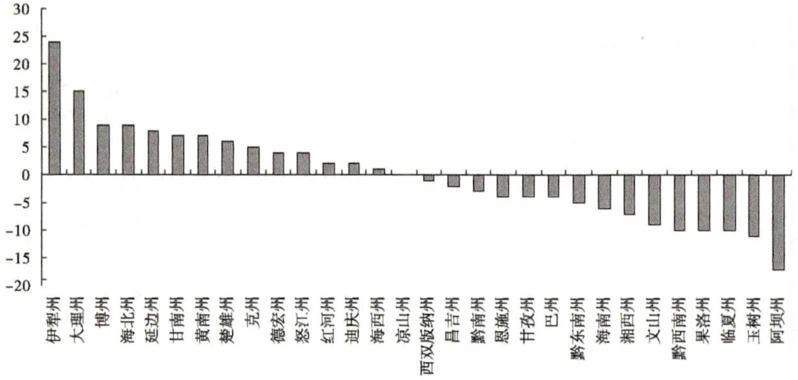

图5－6　“十二五”期间民族自治州资源与环境评价排序变化示意图

第六章　民族自治州发展与实现同步小康存在特殊困难与原因分析

一、民族自治州发展与实现同步小康存在的特殊困难

（一）思想相对保守，改革创新战略定位不高

民族自治州大多处于地理位置相对偏远，交通系统不完善，对外交流受限的中西部内陆地区，改革、创新、突破等思想意识不深。主要原因归究于以下几方面。第一，落后的生产力和较低的经济发展水平直接决定了民族自治州群众思想观念较为保守，不能很好地顺应时代发展潮流，进行市场建设和经济互联互通。第二，封闭落后的自然环境是导致人们观念保守的客观因素，主要由于深处偏远山区，对外交通不发达，信息交流和传递受阻，人们的生产生活等系列活动不能有效开展，因循守旧、循规蹈矩、求稳怕乱等观念还不同程度地存在，缺乏竞争意识、开放意识和创新意识，在一定程度上限制了思想观念的更新和换代。第三，社会变迁的滞后性和被动性是影响思想保守的社会因素，受传统思想观念和落后经济发展水平的制约，民族地区居民无法与外界进行无缝时间联系和对

接，导致对新鲜事物产生害怕心理，甚至抵制行为，这就直接阻碍了新技术的普及、新产品的使用以及新观念的接受等进程。第四，长期以来与东、中部地区形成的差距，使部分民族地区迫切要求加快发展，急于求成，不顾现实发展条件，不考虑长远，追求短期轰动效应和社会效益，密集上马资本密集型大项目，资源粗放式利用，发展方式不可持续。第五，国家对民族自治州的优惠、扶持政策，在一定程度上滋生了地区的依赖、依靠心理，依赖性的尾随型发展观点的存在和延续，不敢突破惯例、不敢超越“本本”、不敢创新、不敢走出去等思想阻碍着民族地区进一步扩大改革开放和创新突破，不利于形成经济社会协调、可持续发展的新局面。

（二）产业结构层次水平低，市场竞争力普遍较弱

民族自治州的产业结构保持“二三一”结构，有些地区甚至仍为“一二三”的结构，产业结构不合理，各地区产业发展水平不均衡。虽然自治州整体产业结构得以持续优化，但仍有一些地区存在着第一产业比重偏高的情况，如2015年玉树州第一产业比重高达43%，此外，黄南州、甘孜州、西双版纳州、德宏州的第一产业比重也都超过25%。经济发展后劲明显不足。与全国平均水平相比，经济增长仍主要靠初级产品获得产值的增长，深加工度极低。多数少数民族地区地处边远、不便，致使第一产业的商品率低。第一产业内部农业产业化、标准化、信息化、良种化及农产品加工、销售、绿色基地等方面建设相对落后，农业基础地位薄弱；第二产业比重不合理，工业化水平较低，资源富集地区资源深加工能力和配套建设相对滞后，以采掘和原料工业为主，轻重工业发展相互脱节，资源优势明显但开发力度不够。第三产业发展缓慢，尤其是交通运输、金融、教育、卫生、文化等服务业发展滞后，服务业始终

在低水平上徘徊，发展明显滞后，服务业总量不足，结构不合理，发展水平低，文化旅游资源粗放经营还没有得到根本改变。另外，三次产业间及工业内部产业关联度低，产业间发展脱节，产业链和价值链中分工的深化、细化和融合远远不够，研究、开发、营销、品牌培育等关联产业发展滞后。民族自治州产业水平低，结构不合理，关联度低，协调性差，无法应对日益激烈的市场竞争。

（三）内生发展动力不强，外向型发展亮点不多

当前我国民族自治州除传统的农牧业生产外，第二产业不够强劲，第三产业很不发达，三次产业的辐射影响力不强。为追求高效益和高增长，政府往往投资于见效快、产值大的矿产、能源、电力等行业，而交通运输、信息技术、绿色环保等行业则缺乏投资、落聚及发展的平台，导致内生发展不足。并且，在对外发展中还普遍存在一种只注重资金、技术的引进，而轻视自身市场开拓的倾向。有些民族自治州地处于我国对外开放前沿地区，但是对外开放的口岸不多，边境贸易规模不大，边境互贸的渠道存在障碍，对外开放发展的综合实验区明显欠缺。与此同时，由于政府产业政策的限制，特色产业无外资进入，或是很少有外资进入，在全国利用外资中占比仍然是处于较低水平，吸引外资投资环境欠佳。如新疆、西藏和青海具有铅锌矿资源上的优势，但是在采选和冶炼两个行业中，外资数量基本为零。

（四）公共基础设施薄弱，社会管理体系不健全

部分自治州交通网络不完善，存在道路等级低、通行能力弱、与外界联通水平低的问题。不仅有“对外大通道”问题，也有“最后一千米”问题。比如，甘孜州截止到2014年全州尚未通高速

公路，通二级公路里程仅为281.7千米，通二级以上公路的县城仅有4个，仅有487个行政村通公路，占比为17.81%。民族自治州的经济社会发展与地区基础设施建设好坏密切相关，但民族自治州普遍存在发展的软硬环境建设薄弱等问题。第一，公共基础设施建设现状不容乐观，交通、通信、电力、供水等基础设施条件落后或不配套，尤其是路网密度小，连通性与网络性差，承载力低，服务功能差。第二，政策服务体系不健全，包括管理、服务、政策不配套，而很多政策是民族县级政府不能解决的问题，比如土地、电价、税收、银行贷款、铁路运输等问题；一些国家已经明确的优惠政策，由于部门利益及条块分割管理，在县级得不到落实；在很多地方，政府行政审批程序繁杂，效率不高，企业办事难的现象仍比较突出。第三，市场服务体系不健全，产业或企业的发展，需要中介、流通、运输、金融等相关的社会服务来支持，而这些行业的发展，正是民族经济发展中的薄弱环节。第四，管理体制的深层次问题尚未得到有效解决，主要体现在政府管理职能不明晰，责任不到位，有缺位、错位、越位现象，激励机制不健全，公共服务职能难以满足社会需求。

（五）教育事业发展落后，人才队伍较为缺乏

民族自治州经济发展滞后，除了历史的、自然的原因外，根本原因是教育薄弱、人口素质低、高素质人才匮乏。教育事业发展落后，体现在学前教育明显缺乏，初中升学率、高考升学率明显低于全国平均水平，职业教育资源供给严重不足。此外，民族自治州因工作、生活条件差，经济待遇低，本地人才留不住，外地人才不愿来，人才流失比较严重，形成了低水平的恶性循环，严重制约了经济社会发展。特别是边远地区的县及县以下基层单位普遍缺乏教

育、卫生、农业、畜牧等专业技术人才。① 一是少数民族人才队伍偏小，发展不均衡。在党和国家有关大力培养和选拔少数民族人才的政策贯彻以来，山区少数民族人才队伍从缺少到不断发展、补充，具有了一定的规模。随着民族地区经济发展，各类人才也与日俱增。但是，民族地区拥有的各类人才总量仍然偏小，人才队伍发展不平衡，在年龄、性别、素质方面差别大，而且地区之间的人才素质差距也极大。民族经济的发展与人才短缺的矛盾已经成为制约民族经济发展的主要颈瓶，解决民族地区人才的数量和质量问题已经成为一项极为紧迫的任务。二是整体素质不高。虽然近年来各级政府加大了对少数民族人才的培养和教育力度，也吸收了一些少数民族大学生回来就业，但总体上看，人才总体素质不高的状况仍未有较大的改善。② 三是少数民族人才流失严重。少数民族大学毕业生返乡的数量逐年减少，大部分流向珠三角地区；一些具有专业技术、技能和管理经验的人才也流向外地，使得民族地区的人才十分匮乏。民族地区经济发展落后，发展不快，关键在于缺乏人才；而培养、引进人才又受到经济条件的制约，因此形成了经济发展与人才吸引相互制约的“怪圈”。四是少数民族人才的结构性矛盾突出。主要是党政机关干部多，专业技术人员少，特别是指导农村农业种养技术的人员紧缺。此外，企业管理、教育、卫生、文化方面的人才也非常缺乏。③

① 鲁建彪：《西部民族地区人才流失原因及其对策分析》，载《云南行政学院学报》，2006（3）。

② 《少数民族人才面临的问题及对策》，载《清远日报》，2011。

③ 姚艳玲：《西部地区科技人才流失原因分析和对策研究——以新疆农科院为例》，华东师范大学硕士论文，2005。

（六）政策融合能力不强，攀比和依赖性较为明显

国家在促进民族地区经济社会发展、合理优先安排基础设施建设项目、加大财政支持力度、重视生态建设和环境保护、加大扶贫开发力度等方面给予了众多优惠政策，但在实际中很多优惠政策很难融合为地区发展动力。首先，民族地区融合国家政策能力不强，比如国家投资项目配套门槛较高，民族地区往往因为拿不出相应的配套资金，争取不到更多的好项目，无法享受国家政策的真正实惠。其次，尽管出台促进民族地区发展的若干专项规划，但是由于专项规划制定滞后于国家规划，规划内容很多未纳入国家规划总盘子，导致项目难以落到实处。再次，主观上，民族地区创新思路不清晰制约了政策落实及项目推动。国家在民族地区设置了很多改革试验区、对外发展示范区等，对于这样一些战略定位，民族地区往往由于缺乏具体创新发展思路，无法将国家战略细化为具体发展措施，也使得国家政策缺乏着力点。最后，民族地区改革开放主动性不够，习惯性地移植部分发达地区现成改革开放经验，习惯性地依赖行政命令或政府的力量推进改革。习惯于跑项目，要资金，争资源，过分依赖上级部门的资金扶持，再加上民族地区各地方政府缺乏统一规范的优惠政策，因此从主观和客观上加剧了民族地区间的盲目政策攀比以及特殊政策优惠的无序争夺，容易错失发展机遇。

二、存在问题的深层次原因

（一）传统思想观念制约，创新突破存在障碍

囿于地理区位偏远、交通不便、经济发展落后、信息流动缓慢

等因素影响，民族自治州整体上延续着小农经济意识，思想观念陈旧，接受新思想、新事物较慢，创新观念意识不强，使得一些发展机遇在自我封闭和自我满足中丧失。思想观念保守表现在宗教意识、迷信宿命思想、重义轻利观念、平均主义消费观、无积累财富的观念、重农轻商思想、本土观念、排外意识较强以及“等、要、靠”的心理意识较为严重。由于旧观念束缚，商品经济、市场经济在民族自治地方，尤其是深处高山内陆的贫困地区的发展比较迟缓。教育价值观，也受到本民族文化传统中一般价值观的制约，至今还存在着轻视教育的观念。有些地区的民众因其独特的民族习惯很难与外界融合，影响开放。缺乏面对市场的信心和勇气，满足于自给自足的生产生活方式。部分干部群众观念较落后，思想不够解放，因循守旧、狭隘封闭、安于现状，缺乏竞争意识、开放意识和创新意识，深化改革存在一定阻力。

（二）地理区位劣势，经济发展成本高，代价大

民族自治州大都位于边境地区、高寒山区或省际结合部。比如，有 27 个州位于西部地区，有 29 个州位于我国第一级阶梯和第二级阶梯，平均海拔在 1000 米以上，大部分自治州地表起伏较大，通行不便。民族自治州地理区位劣势明显，居所分散、地处偏远、地形崎岖、沟壑纵横、生态环境差、地质地貌复杂，基础设施建设难度大、成本高，武昆高速云南境内平均每千米造价高达 1.2 亿元，贵州高速公路的建设成本约每千米 1 亿元，相当于平原地区的 2 ~3 倍。再加上国家基础设施项目投资的配套门槛，民族自治州水、电、路、通信等基础设施明显落后。截至目前，全国无铁路客运的地区多分布在民族地区，其中云南、青海、新疆为我国无铁路客运区域最多的省份。此外，自治州地处偏远，基础设施建设成本

高、发展落后，极大地限制了生产要素的流入和流出，“引进来”和“走出来”开放发展成本高，资源开发和开放发展的比较效益低下，投入与产出比例严重失调。即便是有些交通基础较好地方，由于缺乏整体配套，往往又存在“高速公路是条虫，修到哪里哪里穷”的负面发展效应。

（三）生态资源与环境压力增大，进一步开放发展优势弱化

丰富的自然资源是少数民族地区经济发展的优势所在，然而民族地区水土流失、荒（石）漠化现象比较严重，自然灾害频发。地理位置、地质地形条件和气候的影响，其生态环境系统相对脆弱，承载力低，地质灾害、气象灾害以及各种衍生的灾害发生频次高，环境质量极易受影响而快速下降。比如，甘孜州平均海拔高，年平均气温低，属于典型的高寒民族地区，近1/3地区的广大农牧民缺乏生存条件，至今仍过着“靠天吃饭、靠天养畜”的原始农耕游牧生活；恶劣的自然条件决定了自然灾害的频发，全州居住在生存条件十分恶劣、生存环境十分脆弱地区的农牧民高达20万人。草场资源退化，牲畜超载过牧现象依然普遍，自然生态环境面临压力增大。此外，随着经济快速增长，节能降耗、生态保护和环境治理的压力在加大。有些地区大建工业园区，侵占农田，甚至开山毁绿，造成生态植被破坏；有些省区过分强调招商引资，承接了一批高污染、高消耗的产业，导致青山绿水被破坏、污染。生态资源与环境压力增大，使得进一步扩大开放优势弱化。

（四）人力资源素质不高，深化改革、扩大开放原动力不足

人才是应用科学技术、改变贫穷落后面貌、深化改革的推动者，也是扩大开放的引领者和主导者。民族地区改革开放问题，归根结底是发展的问题，而发展的关键是人才素质的问题。高素质人才缺乏是民族地区深化改革、扩大开放面临问题的本质原因之一。高素质人才缺乏的现状集中表现在人口综合素质低和人才流失严重。此外，受民族地区待遇、人居环境等条件的限制，大中专学生回县率很低，到县级企业工作更少，在待遇和事业留人方面缺乏吸引力，80%的人才去了沿海地区和大中城市。民族地区人才流失现象比较普遍，外地人才不愿去、本地人才留不住的问题十分突出，严重影响了经济社会发展，特别是边远地区的县及县以下基层单位普遍缺乏教育、卫生、农业、畜牧等专业技术人才。

（五）扶贫攻坚任务依然艰巨，发展瓶颈制约较为明显

2015 年，全国 5575 万贫困人口中，民族八省区贫困人口 1813 万，占 32.5%；而 30 个自治州贫困人口有 661 万，占全国贫困人口总数的 11.9%。自治州要如期实现脱贫攻坚目标，既有发展经济、提高居民收入水平的问题，也有加强保障、完善基本公共服务的问题。自治州就业市场容量小，转移农村富余劳动力的压力较大；办学条件差，师资短缺，人才流失严重，辍学、失学现象时有发生；基层医疗卫生院建设投入不足；社会保障水平低，如期实现脱贫攻坚的压力很大。我国民族自治地方的贫困人口规模依然巨大，扶贫问题复杂多样，扶贫攻坚任务十分艰巨，在很大程度上制约着地方经济社会发展及人民生活面貌的改善，需要进一步攻坚克

难，寻求民族自治州脱贫致富的新途径和新举措。

（六）主体功能区定位，保护与发展两难困境

根据不同区域的资源环境承载能力、现有开发密度和发展潜力，我国将国土空间划分为优化开发区、重点开发区、限制开发区和禁止开发区四大类。从国家主体功能区的角度分析，优化开发区和重点开发区的大部分地区主要集中在东部和中部地区，而限制开发区和禁止开发区主要集中在西部民族地区。自治州是我国重要的资源富集区、水系源头区和生态屏障区。有 25 个自治州辖有国家重点生态功能区，有 24 个自治州辖有禁止开发区。自治州生态地位重要，生态环境脆弱，发展经济同保护生态这两者的矛盾比较突出。民族自治州在全国的经济发展、能源战略和生态调节上均占据重要地位。此外，农牧业、矿产资源开发、高耗能产业在经济结构中占据很大比重，这些产业的发展与环境高度相关，替代性选择较少，这就使得民族地区的经济发展与环境保护、生态承载成为一个矛盾体——不开发较难发展，开发必然损害环境。基于当前经济发展与资源环境保护的两难困境，产业结构调整迫在眉睫，产业结构转型升级任务加剧。

第七章　加快推进民族自治州发展与实现同步小康的对策与建议

“十三五”时期，是全面建成小康社会的决战决胜时期，也是加快民族自治州发展的重大战略机遇期。由于特殊的自然、历史、人文等原因，民族自治州比全国其他地区经济发展面临着更加严峻的挑战，宏观经济环境更加复杂，供给侧结构性矛盾更为突出，脱贫攻坚任务更加艰巨。与此同时，中央高度重视民族工作和民族地区发展，加大差别化政策支持力度，深入实施“三大战略”，将为加快自治州发展、实现同步小康提供难得的发展机遇。

一、转变思想观念，不断增强发展意识和战略定力

发展是民族工作的立足点，是解决自治州乃至民族地区所有问题的关键。要坚持发展是第一要务不动摇，始终保持加快发展、专注发展的战略定力，努力践行新理念，引领新发展，推动民族自治州加快实现全面小康。

一是增强自我发展意识。要积极引导民族自治州和少数民族群众解放思想、更新观念，抢抓机遇、奋发有为，自力更生、艰苦创业，坚决摒弃“等靠要”“小富即安”等陈旧观念，树立“发展才

是硬道理”的信心和决心，增强加快发展、主动发展的紧迫感，牢牢扭住发展不放松、坚持发展不动摇，把加快发展、推动发展作为头等大事、摆在重要位置，把政策资金向发展倾斜、资源力量向发展聚集、工作重心向发展转移，一心一意谋发展、抓发展、促发展，加快实现科学跨越、后发赶超。

二是树牢五大发展理念。要着力推动民族自治州和少数民族群众主动适应把握新常态，加快转变传统发展思维和发展方式，牢固树立“创新、协调、绿色、开放、共享”五大理念，坚持运用“五大发展理念”统领民族自治州发展，进一步理清发展思路、破解发展难题、厚植发展优势，推动民族自治州实现更高质量、更有效率、更加公平、更可持续的发展。要坚持创新发展，着重解决民族地区发展动力机制问题，不断提高质量效益和动力、活力；要坚持协调发展，着重解决民族地区和民族间平衡发展问题，不断促进经济社会全面进步；要坚持绿色发展，着重解决可持续发展问题，全力确保天蓝、地绿、水清；要坚持开放发展，着重解决利用好国际、国内两个市场、两种资源问题，全面提升对内对外开放水平；要坚持共享发展，着重解决社会公平正义问题，着力增强少数民族群众的获得感。

三是坚定正确发展方向。要有效促进民族自治州和少数民族群众自觉坚定发展目标、保持战略定力，看清发展大势和趋势，看准机遇和难题，以“不畏浮云遮望眼”的坚毅和“风物长宜放眼量”的气度，坚定不移地按照既定的正确发展思路、工作措施，特别是按照已经确定的“十三五”发展规划蓝图推进实施，一条线一条线地去梳理，一个产业一个产业地去推动，一个项目一个项目地去跟进，一户企业一户企业地去解决问题，不做表面文章，不搞政绩工程，真刀真枪地推动重大政策、重大工程、重大项目落地、落实，全力以赴推动民族自治州经济社会又好又快发展。

二、完善基础设施，不断优化发展空间和生态环境

基础设施落后是制约民族自治州加快发展的最主要瓶颈，加强基础设施建设是提高民族自治州发展水平的先决条件。要坚持基础设施先行，紧紧围绕民族自治州发展的重点和难点，千方百计支持民族自治州建设一批带动经济社会发展的重大基础设施和生态环境项目，推动民族自治州发展条件改善、空间优化和环境提升。

一是大力加快基础设施建设。充分发挥交通、水利、电力和信息网络等具有明显投资拉动和促进经济发展的“乘数效应”，以更大的力度和广度优先安排、全面加强民族地区基础设施建设。加强交通基础设施建设，完善航空、铁路和公路等立体交通网络，集中力量建设民族自治州连接省会的高速公路和有效覆盖各县的高等级公路网，大力推进对扶贫开发、资源开采和旅游开发有重要作用的县乡公路建设，重点加强乡镇和建制村道路硬化建设，积极加快通江达海、沟通东部的重要水运通道和港航设施建设，有效打通自治州内外联系“大通道”、区内连接“内循环”和农村通行“最后一千米”，实现对内畅通无阻、对外东通西达。加强水利基础设施建设，突出加强重点水源建设、农村饮水安全工程建设和中小型农田水利工程建设，在重点缺水地区新建一批骨干水源工程，加快实施一批重点水利项目，解决水利薄弱和“饮水难”问题。加强能源基础设施建设，加大城乡电网改造力度，完善天然气输送网络，促进清洁能源发展，形成“水、火、风、光”互济、多种能源协调发展格局，切实解决偏远乡镇及农村“有网无电”“有电无力”等问题。大力推进信息网络建设，逐步完善信息基础设施，不断增强信

息服务能力，着力推进以光纤化、数字化为重点的城乡宽带普及提速工程和以农村电子商务为重点的信息服务工程，全面提升城乡信息化应用水平。

二是有序推进新型城镇建设。不断优化城乡空间布局，加快以县城和中心镇扩容提质为重点的新型城镇化步伐，积极促进民族自治州城乡统筹发展。有效增强中心城市辐射带动作用，推进城市转型升级、功能拓展、服务优化、品质提高，构筑人才、科技、文化、信息、资金等发展要素的集聚洼地。不断提升县级城市承载能力，依托民族自治州城区区位优势和发展基础，把城区所在地打造成所在州产业集聚度高、人口承载力强、功能设施完善、辐射乡镇村集的区域中心，带动县域经济发展。积极打造民族风情小镇，抓好特色重点集镇的旅游、商贸、物流等建设，着力建成一批具有少数民族地域风情的特色小镇，使商贸物流型、绿色农业型、生态旅游型等小城镇，成为连接城乡和繁荣农村、服务农业、集聚农民的重要载体，对自治州农村发展起到较好的辐射、带动、融合作用。

三是持续加强生态文明建设。加大自然生态系统和环境保护力度，加快构建科学、完备的生态文明体系和生态补偿机制，形成节约资源和保护环境的空间格局、产业结构、生产方式、生活方式，不断提高生态环境承载力。加强生态建设，加快推进天然林保护、重点水源保护区、退耕还林、陡坡地生态治理、石漠荒漠化治理、森林碳汇造林及乡村绿化美化等重点生态建设工程，加大对自然保护区、民族传统文化生态保护区、湿地保护区等重要生态区域建设的投入力度，采取有效措施大力保护生物多样性。加强环境保护，推动集约、节约发展，大力开展节能减排，确保水环境安全，有效防治大气污染、土壤环境污染和农牧区污染，鼓励自治州参与温室气体自愿减排交易，支持和指导开发碳汇交易产品，推动纳入碳排放权管理和交易的重点企业购买开发的林业碳汇交易产品，增强民族自治州的生态经济效益。

三、激活优势资源，不断壮大特色产业和经济实力

自治州资源丰富，具有巨大的产业发展潜力和较强的经济后发优势，开发、利用好这些优势，对于加快自治州发展至关重要。要着力加大优势资源和特色要素的科学开发力度，稳步提高民族自治州自我发展能力，不断提升特色产业水平和经济发展实力。

一是开发利用优势资源。有效提升自治州资源支配力，切实解决自然资源“富”和经济发展“穷”的矛盾，结合民族自治州自身资源禀赋条件和地域分工格局，有力、有序地加大对土地、水能、矿产、生物、旅游以及民族人文等富集资源、优势资源的综合开发利用力度，真正将资源优势转化为产品优势、产业优势和经济优势。要坚持因地制宜、扬长避短，充分考虑民族自治州多为资源富集区、生态脆弱区并存的特殊性，统筹兼顾好开发与保护、整体利益与局部利益、外部主导与地方参与、经济增长与社会发展等方面的关系，注重做好开发地居民传统生态知识、生计方式与资源开发过程的有效衔接，通过资源开发带动自治州内生性、包容性发展，使不同主体、人群及区域在资源开发过程中实现利益共享、发展互惠。

二是做大做强特色产业。坚持把“资源”“区位”“生态”和“文化”特色转化为产业特色、经济特色，大力推动民族自治州特色产业做大做强、转型升级。提升特色农牧林业发展水平，积极培植、壮大草食畜牧业、优质林果业、设施农业、蔬菜花卉业、中藏医药材等特色优势绿色产业，支持推行“龙头企业＋基地＋专业合作社＋农户”经营模式，着力打响民族牌、生态牌、产业牌。大力

发展特色工业，重点支持符合民族自治州特点和生态环境要求的产业项目优先布局，积极推动开展招商引资、承接产业转移、建设工业园区，全面扶持民族贸易企业、民族特需商品定点生产企业、民族传统手工业和民族特色企业发展，增强经济带动力。优先发展特色文化旅游业，积极推动旅游资源开发和旅游业及民族文化产业发展模式创新、服务提升，大力推进旅游景区开发和配套设施建设，有序引导社会资本投入生态文化旅游业，有效支持并推出一批以民族文化游、生态山水游、民族风情游、红色圣地游等为代表的独特旅游品牌。

三是积极发展新兴业态。打破以能源资源产业为主、传统民族手工业为辅的单一产业结构形态，顺应"大众创业，万众创新"潮流，大力发展新兴产业、新兴业态和新兴商业模式，多元培育民族地区新的经济增长点。注重延长产业发展链条，坚持线上与线下结合、制造与服务结合、科技与市场结合、产业与金融结合，大力发展现代服务业，积极培育电子商务，统筹发展商贸流通，着力打造总部经济，结合地区特色大力发展商业会展、健康养老、文化创意、中介服务等新型业态，创新发展互联网金融、跨境电子商务、供应链物流、科技成果挂牌交易等新型商业模式，努力形成布局合理、规模适度、需求匹配的商贸服务网络，推动现代服务业与现代农业、现代畜牧业在更高水平上实现有机融合，切实提高工农业产品附加值，促进工农业服务化。

四、发展社会事业，不断改善公共服务和群众生活

社会事业发展滞后、公共服务能力不足，是影响民族自治州经济社会发展水平和人民群众生活水平的重要因素。要坚持把保障和

改善民生作为做好民族工作的出发点、落脚点，以提高基本公共服务水平、改善民族群众生活为首要任务，优先配置公共资源，大力发展社会事业，加强基本公共服务供给，以人为本推动民族自治州跨越式发展。

一是提高医疗卫生水平。加大医疗卫生事业发展投入，不断优化医疗设施条件和服务水平，切实解决群众看病难、看病贵问题。加强医疗卫生设施建设，大力支持民族自治州州级、县级医院建设，加快乡镇卫生院、村卫生室标准化建设，合理布局民族公立医院、社区卫生服务机构、康复养老机构等医疗卫生资源，积极鼓励有实力的企事业单位、个人等社会力量开办医疗机构，推动医疗卫生机构和管理信息系统建设明显进步。提升医疗服务水平，加强基层医疗卫生人才队伍建设，实行医疗医保医药联动，推行医药分开、分级诊疗和合理检查、合理用药，完善医疗服务网络，提高县、乡、村三级医疗服务能力，开展医疗人员培养工程，推进医疗对口帮扶支援，支持民族医药医技发挥作用，积极推动健康信息服务、智能医疗、远程医疗服务，确保医疗服务质量逐步提高、医德医风明显好转、医疗费用有效控制。健全公共卫生服务体系，加强妇幼保健、计划生育、疾病预防等体系建设，做好传染病、慢性病、地方病及重症精神疾病等综合防治，加强优生优育服务指导，重视少数民族群众心理健康服务，全面提高公共卫生服务综合能力和突发公共卫生事件应急处置能力。

二是完善社会保障体系。坚持提高社会保障整体水平和注重向弱势群体倾斜两手抓，注重效率与公平、统一性与灵活性相结合，建立健全符合民族自治州发展实际和民族文化特点的多层次、全覆盖的社会保障体系。坚持把就业问题放在更加突出位置，大力实施积极的就业创业政策，注重把劳动者自主择业、市场调节就业与政府促进就业结合起来，鼓励、支持少数民族群众外出就业和回乡创业，着力推进人力资源市场建设，建立覆盖乡镇（街道）、村（社区）的公共就业服务平台和信息网络，完善就业援助体系，多渠道促进各类群体稳步就业。因地制宜地探索民族自治州社会保障模式，大力加强社会保障服务中心和信息网络建设，有效完善养老保险、失业保险、医疗保险、住房保障、社会救助和社会福利等社会保障体系，鼓励发展职业年金、企业年金和商业养老保险、职工储蓄性养老保险，健全重大疾病救助和疾病应急救助制度，逐步提高新农合和城镇居民医保政府补助水平，完善城乡最低生活保障制度，提高农牧民群众最低生活补助标准，努力实现应保尽保。

三是加强民族文化传承保护。积极弘扬和发展少数民族优秀文化，加快完善基层公共文化设施，加大各级文化专项资金的支持力度，更好地满足少数民族群众精神文化需求。大力扶持民族文化传承和交流，加大对少数民族文物保护和非物质文化遗产保护传承力度，加快对少数民族古籍和非物质文化遗产的调查、抢救、搜集、整理、出版和研究工作，加强少数民族文化艺术传承基地建设，注重对少数民族民间优秀文化传承人和非物质文化遗产项目代表性传承人培养，积极保护和发展少数民族传统医药，广泛开展少数民族文化惠民活动，发掘、整理和研究、推广民族传统体育项目，着力打造少数民族文化品牌和艺术精品。加强公共文体设施建设，积极推进县级图书馆、文化馆、博物馆、乡镇综合文化站、村文化室、公共电子阅览室、农家书屋、乡村舞台等文化工程的建设和开放，加大乡镇、农村体育设施建设力度，大力支持公共文化服务数字化建设，努力构建标准统一、互联互通的公共数字文化服务网络。

五、提升人力资本，不断强化智力支持和人才保障

人口素质偏低、人力资本匮乏，尤其是人才短缺是制约民族自治州发展的根本原因。要坚持“本地开发为主引进为辅、数量质量并重、短效长效兼顾”的思路，加大人力资本投资力度，全面提升人力资本水平，着力为民族自治州经济发展、产业升级和资源优化提供坚强的智力支撑和动力保证。

一是优先重点发展教育。坚持教育优先发展战略，实行规划优先、投入优先和资源配置优先，在办学条件、师资配备、生均拨款、学科专业建设等方面加大政策倾斜及资金支持力度，提升少数民族学生就业、创业能力和创造幸福生活的能力。优化教育布局结构，坚持集中办学和方便群众并重的原则，科学规划区域教育布局结构、层次结构和学科专业结构、人才培养结构、经费投入结构，合理配置、盘活、优化教育资源，确保民族学生小学就近入学、初中相对集中到乡镇、高中全部集中到县城，每个民族自治州都建有职业教育中心或职教学院，所有少数民族适龄儿童少年都有学可上。全面提升教育水平，大力促进教育公平，缩小城乡差距和校际差距，重点加强民族教育薄弱环节建设，支持乡村两级公办和普惠性民办幼儿园建设，大力推进义务教育学校标准化和寄宿制学校建设，继续支持教育基础薄弱县普通高中建设，保障并改善中等职业学校办学条件，优先设置与实体经济和产业发展相适应的高等职业学校，科学、稳妥地推行双语教育，逐步实现基本公共教育服务均等化。加强教育条件保障，稳定、优化教师队伍，健全教师培养、培训和激励长效机制，科学制定教师队伍建设专项规划，有效实施乡村教师支持计划，开展民族教师每五年一周期的全员培训，优先

稳步改善教师福利待遇，多形式、多渠道筹集教育资金，通过完善资助政策、扩大对口支援等方式加大民族学生奖励资助力度，确保民族学生不因贫困失学。

二是强化科技服务支撑。紧扣自治州发展实际需求，加大对各级各类科技项目、科技平台、科技人才、科技合作、科学普及等方面的支持力度，稳步提高民族经济发展的科技含量。加大科技推广力度，突出科技惠民，积极推广农产品、畜牧业、林果蔬菜、中药材等种植、养殖和储存加工先进技术，全力抓好测土配方施肥、保护性耕作、高效农田节水、病虫害防治等实用技术的推广应用，建设农牧民科技实训基地，加快推进农村劳动力培训项目、科技富民工程，提高农牧民科技应用能力。提升科技服务水平，加快推进科技服务体系建设，支持农业科技推广站、畜牧技术服务中心、乡镇兽医站建设，强化农牧业信息服务及信息网络互联互通平台建设，积极建立以高校、科研机构、科研企业为主的合作、协作机制，不断提高自治州科研水平和科技服务能力。增强科技创新能力，有效集聚科技创新和产业资源，设立开发重点领域和支柱产业核心技术的科技开发专项，推动清真食品、矿产资源、民族医药等优势特色产业关键技术改造与应用示范，集中资源实施一批重点科技项目和重点科技基础设施建设，依托龙头企业、科研机构和大专院校联合开展科技创新，积极培育具有自主知识产权的科技型企业，着力打造技术创新、区域创新服务支撑品牌，推动“品牌引领—科技聚集—产业升级—经济跨越”的创新驱动发展之路。

三是加强干部人才队伍建设。坚持把加强少数民族干部人才队伍建设作为推动发展的关键，创新体制机制，完善政策措施，优化人才环境，全力打造一支门类齐全、梯次合理、素质优良、新老衔接、充分满足发展需要的干部人才队伍。加强少数民族干部队伍建设，严格落实民族自治地方干部政策，坚持按照“德才兼备”原则、“好干部”标准和“忠诚、干净、担当”要求，大力培养、选拔、使用少数民族干部，建立少数民族干部队伍人才库，持续选派优秀年轻干部、大学生到民族自治州工作，加大民族自治州与经济发达地区、上级机关干部双向交流力度，推动少数民族干部挂职锻炼和多岗位锻炼，加强少数民族干部培训、教育，不断提高少数民族干部的素质、能力和水平。加强少数民族人才队伍建设，立足民族自治州实际和发展需要招才引智，切实加大人才引进、培养、使用和开发投入力度，设立人才资源开发专项资金，实施急需人才援州计划，组建自治州专家服务团，建立各类人才培训基地，以提升企业竞争能力为重点加强非公有制经济组织人才队伍建设，以提升市场开拓能力为重点加强经营管理人才队伍建设，以提升科研创新能力为重点加强专业技术人才队伍建设，以提高实际操作能力为重点加强技能人才队伍建设，以提升致富带动能力为重点加强农村实用人才队伍建设，以提高社会服务水平为重点加强社会工作人才队伍建设，做到用好现有人才、引进急需人才、留住关键人才、培养适用人才、储备未来人才。

六、加强扶贫开发，不断推进片区攻坚和精准扶贫

打好扶贫攻坚战，民族自治州是主战场。全面建成小康社会，民族自治州的贫困地区、贫困人口是重点和难点。充分立足民族自治州“贫困面大、贫困程度深，且返贫率高、解决难度大”的实际，围绕“加快贫困地区发展、加快困难群众脱贫致富”目标，因人因地施策，因贫困原因施策，因贫困类型施策，实行片区攻坚与精准扶贫“双轮驱动”，推动政府、市场、社会“三管齐下”，集

中力量，统筹资源，创新机制，确保民族自治州贫困人口到2020年如期脱贫。

一是积极探索多元扶贫模式。坚持因地制宜，把产业扶持、易地搬迁、生态补偿、教育支持、社会保障“五个一批”举措与民族自治州脱贫攻坚实际精准对接，宜扶则扶，宜搬则搬，靠山吃山，靠水吃水，念好“山海经”，唱好“林草戏”，谱好“牧羊曲”，推动实现精准滴灌、多元扶贫。坚持分类指导，对具备基本生存条件的贫困地区，继续实行就地扶贫，改善基本生产生活条件，发展富民产业，开辟增收途径；对生存条件恶劣的贫困地区，实行易地扶贫，做到一次搬迁、长远受益。对有劳动能力的贫困人口，实行技能培训、技术扶贫和劳务输出扶贫，增强其增收能力；对不具备劳动能力的贫困人口，实行救济和救助，实现“两不愁、三保障”。坚持点面结合，突出片区攻坚与精准扶贫深度耦合、整体推进与精准到户紧密融合，在扎实抓好扶贫措施精准到户、到人的基础上，对重点贫困村、贫困乡和贫困县实行整体推进，加大整体开发和协同攻坚力度，统筹兼顾推动区域发展、开放合作、扶贫联动，引领民族自治州在区域发展中带动扶贫开发，在扶贫开发中促进区域发展。

二是健全和完善长效扶贫机制。统筹兼顾当前脱贫与长远致富，坚持把解决绝对贫困与相对贫困、精准脱贫与帮助致富、直接扶贫与间接扶贫、“输血”扶贫与“造血”扶贫、救济式扶贫与开发式扶贫有机结合，强化“源头治贫、稳定脱贫、长效扶贫”观念，以稳定解决贫困群众温饱和脱贫致富为中心，以改善贫困地区生产生活条件和增加农民收入为重点，注重研究扶贫工作规律，健全和完善精准扶贫长效机制，确保贫困人口持续稳定脱贫和增收致富。坚持扶贫对象精准化识别、针对性扶持和动态化管理，结合生产生活实际，抓住制约具体贫困村贫困户脱贫的症结，从最贫困的村、最困难的户和最急需办的事入手，分州、县、乡、村各层级制定个性化、菜单式、可操作的长效脱贫路径，在扶贫责任、权力、资金、任务、管理“五到县”的基础上，进一步建立健全扶贫对象识别、扶贫资源整合、金融扶贫投入、项目资金使用管理、干部驻村帮扶、社会力量动员、脱贫对象动态管理、考核问责、绩效评估等各项工作长效机制，切实做到真扶贫、扶真贫、真脱贫。

三是聚集形成强大扶贫合力。坚持政府主导、部门主抓、行业主帮、社会主动、群众主体，积极动员各方面力量携手扶贫济困、参与扶贫开发，不断增强政府、市场、社会和群众合力，着力构建专项扶贫、行业扶贫、社会扶贫等多方力量、多种举措有机结合和互为支撑的“三位一体”大扶贫格局。切实发挥政府主导力，在制定规划、完善政策、加大投入、加强监管等方面充分发挥政府主导作用，有效整合行业部门政策、项目和资金，做到扶贫项目优先安排，扶贫资金优先保障，扶贫工作优先对接，扶贫措施优先落实。充分激活市场带动力，注重运用市场方式、市场规律和市场机制放大扶贫资源效应，积极吸引各类企业、经营组织和投资人等市场主体，到贫困地区、贫困村投资兴业、吸纳就业，实现市场铺路、产业扶贫，村企共建、合作双赢。全面调动社会帮扶力，通过完善驻村联户扶贫工作体系、搭建社会信息平台扶贫、健全社会扶贫支持政策等措施，广泛动员企业、社会组织及社会各界人士积极参与扶贫开发，促进社会各方面资源、力量向贫困地区聚集，实现社会资源和精准扶贫有效对接。不断增强群众内生力，既扶贫更扶志，引导贫困群众自力更生、勤劳致富，克服“等、靠、要”思想，树立“依靠自己的勤劳双手，创造幸福美好新生活”的信心和决心，自觉、主动参与扶贫开发工作，不断提升民族自治州贫困群众自我发展、脱贫致富的能力。

七、加大政策扶持，不断深化改革创新和开放合作

30个自治州底子薄、基础差、投入不足、发展滞后，要与全国同步实现全面小康，必须实行差别化政策，加大改革开放力度，才能补齐短板、后发赶超。要坚持和完善差别化支持政策，坚定不移地深化改革创新、扩大开放合作，源源不断为民族地区经济社会发展释放红利、增添动力、注入活力。

一是优化差别化支持政策。坚持将民族和区域因素统筹考虑，把政策动力和内生潜力有机结合，充分发挥好中央、发达地区、自治州三个积极性，在严格落实民族区域自治法的前提下，积极争取国家加大对少数民族和自治州的倾斜支持力度，从基础设施、特色产业、民生事业、生态建设、扶贫攻坚、对口支援等方面实行差别化支持政策，做到政策优先落实、项目优先安排、资金优先倾斜，力争民族地区整体受益、整体推进。优化转移支付政策，继续落实对自治州的财政体制支持政策和税收优惠政策，在加大一般性转移支付基础上，持续加大民族地区专项转移支付、民族政策转移支付力度，力争民族自治县实现税收全额返还。优化配套资金政策，对民族自治州取消项目资金的规定配套政策，使自治州的财政收入主要用于公共服务、维护稳定和改善民生。优化产业政策，推动建立民族地区产业发展基金，支持能源资源类重大产业项目、特色优势产业和战略性新兴产业向民族地区优先布局，积极引导民族自治州发展“飞地经济”，完善资源开发利益分配机制，在土地、税收、环保等方面对产业发展实行务实的优惠政策。完善金融支持政策，积极协调各级金融部门加大对民族自治州经济社会发展的金融支持

力度，引导更多金融资源向民族自治州倾斜。优化、促进少数民族事业发展政策，大力扶持人口较少民族发展，支持民族特需商品发展，大力推进兴边富民行动，加大边民扶持力度。

二是加强先导性改革创新。坚持将改革创新作为推动发展的最大动力源，有效突破制约民族自治州加快发展的体制机制障碍，着力破解发展中的矛盾问题，结合民族自治州实际出台实施一批引领性、标志性和先导性的改革举措，推动重点领域和关键环节改革取得突破，加快形成引领经济发展新常态的体制机制和发展方式，为民族自治州科学发展提供制度支撑和动力保证。推动重大改革在民族自治州率先实施，纵深推进农业农村、国资国企、行政审批、金融体制、商事制度、文化事业产业、生态文明建设等重点领域改革，积极推动民族自治州设立大的改革试验区、经贸合作实验区和自由贸易区，率先在民族自治州实行资源有偿使用制度和生态补偿制度，加快自然资源及其产品价格改革，加快资源税改革，结合供给侧结构性改革，推出民族自治州优化产业布局的政策、机制，为自治州去产能、去库存、去杠杆、降成本、补短板和稳增长、调结构、惠民生、防风险提供回旋余地和发展机遇。坚持简政放权、优化服务，注重“接、放、改、行、管”相结合，强化市场理念和市场基础设施建设，正确处理好政府和市场的关系，以减少行政审批为改革的突破口，大幅度降低交易成本，不断改善投资环境，切实转变政府工作作风，有效激发市场主体活力。

三是推动全方位开放合作。坚持把开放合作作为实现民族自治州繁荣发展的必由之路，坚定不移地扩大对内对外开放，积极抢抓“一带一路”“长江经济带”等国家重点战略实施带来的开放发展重大机遇，自觉找准发展定位、当好前沿阵地，推动实现发展互惠、合作共赢。稳步扩大对外开放，充分发挥民族自治州在历史、区位、文化、市场等方面的先天优势，多层次、多渠道、多形式加强与周边国家和地区的经贸往来，推动要素、资本、商品、能源等多领域合作交流，提高利用外资规模和水平，主动对接国家“一带一路”战略，积极参与“一带一路”陆上六大国际经济走廊建设，重点推进沿边重点开发开放试验区、跨境经济合作区等特区建设，加强重大基础设施建设和重点合作项目建设，创造有利条件持续扩大边民之间的合法经贸活动，促进人流、物流、资金流、信息流双向流动，建设和谐、稳定、富裕的新边疆。全面扩大对内开放，顺应民族自治州和发达地区相互依赖、相互补充的经济差异性要求，有效利用好长江经济带为民族自治州扩大对内开放提供的重大发展机遇和合作平台，加强东南沿海等发达地区与民族自治州的对口支援和经济技术协作，建立开放式信息传递协作关系网络，加大资金横向融通和市场双向畅通力度，结合自治州发展实际大力引进所需的人才、技术和资金，对自有资源进行充分开发和合理利用，推动加快产业结构升级、产品结构改造和市场结构更新，实现空间布局优化、要素组合优化和资源配置优化。

八、促进社会和谐，不断推进区域自治和民族团结

坚持民族平等、民族团结，通过各民族共同团结奋斗，实现各民族共同繁荣发展，是各族人民的普遍共识。发展是团结的基础，团结是发展的保障。因此，不断推进区域自治和民族团结，是进一步加快自治州经济社会发展的重要保障，也是实现自治州同步小康的客观需要。

一是大力加强民族法治建设。正确认识和处理依法治国与民族区域自治关系，坚持落实依法治国各项要求，不断提高运用法治思

维和法治方式解决民族问题的能力，努力做到在法治轨道上凝聚各民族共同力量，平衡各民族共同利益，构建各民族和谐关系，破解各民族矛盾纠纷。坚持和完善民族区域自治制度，加强民族地方立法，完善配套法规建设，建立健全执行监督机制，保障民族自治地方的自治权，保障各民族的合法权益，为民族区域自治制度的贯彻落实提供制度和法律保障。推行民族事务治理法治化，推进民族自治州法治政府建设，健全政府民族事务依法决策机制、重大决策合法性审查机制，严格按照法定权限和程序行使权力、履行职责，不断提高依法行政能力和水平。着力营造良好法治环境，引导各族群众牢固树立法治意识、法制观念，加强法治宣传教育和法律知识普及，推进覆盖城乡居民的公共法律服务体系建设，完善法律援助制度和司法救助体系，加强法治专门队伍建设，推动各族群众自觉守法、善于用法，不断打牢民族团结的法治基础。

二是全面提升社会治理能力。积极推进民族事务治理体系与治理能力现代化，全面加强民族自治州社会建设，改进社会治理方式，提升多元治理能力，坚决确保民族团结、社会稳定、边防巩固。着力提升社会治理能力和水平，完善党委领导、政府主导、社会协同、公众参与、法治保障的民族自治州社会治理体系，健全利益表达、利益协调、利益保护机制，引导民族群众依法行使权利、表达诉求、解决纠纷，加强社会风险源头防控，建立健全民族自治州公共安全突发事件预警系统和各类突发事件快速反应机制，完善各类应急预案和救援体系，积极预防和妥善处理群体性事件，坚决依法惩处和打击暴力恐怖活动，努力化解社会不安定因素，全面提升民族自治州安全应急能力。有效增强社会治理合力和活力，创新社会治理的方式与载体，加强新形势下民族自治州的群众工作，在充分发挥“党政”已有的社会治理网络作用基础上，完善党的基层组织与各种群众性社会团体，吸纳各种民族性、宗教性组织社团，动员社区力量、非政府组织、社会大众，共同参与民族事务社会治理，推动民族事务治理的社会化、平等化。

三是促进民族交往交流交融。坚持依靠和团结各族群众，不断巩固和发展平等、团结、互助、和谐的社会主义民族关系，促进各民族主动走动，互动交往，交流交融，推动各民族和睦相处、和衷共济、和谐发展。建设各民族共有精神家园，通过爱国主义教育、中华民族共同体意识教育、发展少数民族文化事业、国家通用语言文字教育、双语教育等各种民族事务治理实践，不断增强少数民族群众对伟大祖国的认同、对中华民族的认同、对中华文化的认同、对中国特色社会主义道路的认同，有效提高民族凝聚力和向心力。积极推动各民族互动融合，支持少数民族群众跨区域、跨行业有序流动，推动建立相互嵌入式的社会结构和社区环境，从居住生活、工作学习、吃穿娱乐、婚丧嫁娶等日常事务入手，努力为各族群众创造共居、共学、共事、共乐的社会条件，引导各族群众，尤其是青少年在共同生产生活和工作学习中，相互了解、相互尊重、相互包容、相互欣赏、相互学习、相互帮助，切实增进各民族群众之间的感情。深入开展民族团结进步创建活动，扎实推进“两个共同”示范区建设，广泛开展民族团结宣传教育，大力保护、挖掘、发展、交流各民族传统文化，相互尊重各民族的文化、宗教和风俗习惯，促进民族团结、宗教和睦。

参考文献

［1］ k Adelman，CT Morns. Society Politics Economic Development：a Quantitative Approach ［M］. Johns Hopkins Press，1967.

［2］ 阿玛逊亚·森．贫困和饥饿．王宇，王文玉，译．北京：商务印书馆，2001.

［3］ 曾宪义．论民族区域自治法与民族发展权保障．内蒙古大学学报（人文社会科学版），2007（11）.

［4］ 陈达云．中国少数民族地区的经济发展：实证分析与对策研究．北京：民族出版社，2006.

［5］ 戴平生．我国少数民族教育收益率的估算——兼论少数民族教育政策．中国经济问题，2011（1）.

［6］ 丁宏．社会转型期加快发展少数民族区域经济的策略．长沙大学学报，2011（1）.

［7］ 段尔煜，刘宝明．中国民族自治地方行政管理学．北京：中央民族大学出版社，1994.

［8］ 董强，盖守丽．新常态下民族工作的制度保障：坚持和完善民族区域自治制度——习近平民族工作思想研究系列论文之六．黑龙江民族丛刊（双月刊），2016（4）：12～20.

［9］ 高培勇．公共经济学．北京：中国人民大学出版社，2004.

[10] 古扎拉蒂（Damodar N. Gujarati）. 计量经济学. 北京：中国人民大学出版社，2002.

[11] 广西壮族自治区统计局. 广西统计年鉴 2005—2010. 北京：中国统计出版社，2005—2010.

[12] 郭熙保. 经济发展的理论与政策. 北京：中国社会科学出版社，2000.

[13] 国家民族事务委员会研究室. “十一五”时期中国民族自治地方发展评估报告. 北京：民族出版社，2012.

[14] 国家统计局. 中国统计年鉴 2005—2011. 北京：中国统计出版社，2005—2011.

[15] 韩小兵，喜饶尼玛. 以人为本理念下的中国少数民族发展权. 中央民族大学学报（哲学社会科学版），2010（1）.

[16] 黄元姗. 民族区域自治制度的发展与完善——以自治州自治条例为分析对象. 武汉：华中师范大学博士论文，2012.

[17] 侯德泉. 自治·民族自治·民族区域自治——比较视野的概念新解. 理论与改革，2008（1）.

[18] 侯景新，尹一红. 区域经济分析方法. 北京：商务印书馆，2004.

[19] 计莹. 民族区域自治地方政府规章自治性研究. 上海：华东师范大学，2010.

[20] 金芳. 西部地区的生态文明发展模式与策略研究. 中国农村观察，2008（2）：52～58.

[21] 雷振扬，成艾华. 民族地区财政转移支付的绩效评价与制度创新. 北京：人民出版社，2010.

[22] 雷振扬，李俊杰，等. 中国特色民族政策的完善与创新研究. 北京：民族出版社，2009.

[23] 雷振扬，朴永日，李俊杰，等．中国民族自治地方发展评估报告．北京：民族出版社，2006.

[24] 李俊杰．腹地与软肋——土家苗瑶走廊经济协同发展研究．北京：中国社会科学出版社，2011.

[25] 李俊杰．集中连片特困地区反贫困研究：以乌蒙山区为例．北京：中国社会科学出版社，2014.

[26] 李俊杰．民族经济政策与民族地区发展．北京：民族出版社，2013.

[27] 李俊杰．全面建设小康社会与民族地区经济发展战略．北京：民族出版社，2006.

[28] 李茜．区域土地生态环境安全评价及生态重建研究——以宁夏回族自治区为例．西安：陕西师范大学硕士毕业论文，2007.

[29] 李若青．人口较少民族发展政策及其经济因素．经济问题探索，2008（11）．

[30] 李寅．民族自治地方贫困人口占全国比重逐年增加．中国民族报，2010－08－31（1）．

[31] 李忠斌，饶胤．民族地区农村土地流转现状及对策——以贵州省黔南布依族苗族自治州为例．民族研究，2011（02）．

[32] 李子奈，叶阿忠．高等计量经济学．北京：清华大学出版社，2000.

[33] 联合国环境规划署．21世纪议程．北京：中国环境科学出版社，1994.

[34] 联合国社会发展研究所．社会经济发展的内容与计量．1970年英文版．

[35] 梁文森．生态文明指标体系问题．经济学家，2009（03）．

[36] 刘畅．我国社会保障应加大财政“砝码”．中国社会保

障，2010（3）.

［37］刘宁. 公共财政视角下的中国地方财政化研究. 沈阳：辽宁大学，2009.

［38］卢贵子. 论少数民族和民族地区的人才发展战略. 北京：中央民族大学，2004.

［39］鲁建彪. 西部民族地区人才流失原因及其对策分析. 云南行政学院学报，2006（3）.

［40］罗惠翾. 改革开放以来民族发展问题研究述评. 西北民族研究，2009（1）.

［41］莫里斯·D·莫里斯. 世界贫困条件的度量：物质质量生活指数. 1979 年英文版.

［42］王璐. 论民族区域自治制度的完善——兼论我国三代领导集体对民族区域自治的重大贡献. 乌鲁木齐：新疆大学硕士论文，2004.

［43］杨胜平. 少数民族地区协同治理的价值、困境与超越. 天津：天津大学硕士论文，2016.

［44］徐珩. 以新制度经济学理论浅析民族区域自治制度. 现代商业，2007（11）：169～170.

后　记

民族自治州是我国实行民族区域自治政策的重要层级和单位，是我国地方政府重要而特殊的组成部分。民族自治州在全国经济和社会发展中具有重要地位和作用，是坚持和完善民族区域自治制度的重要载体，是推动我国区域协调发展的关键一环，是维护国家安全、边疆稳定的重要基石，是构筑我国生态安全屏障的重要依托，是推动民族团结进步事业的重要基点。在国家政策大力推进下，民族自治州发展迅速，“十二五”时期民族自治州地区生产总值增速超过全国平均水平，产业结构不断优化。但是民族自治州大多位于边境地区、高寒山区、省际结合部，远离区域中心城市，区位劣势突出，经济和社会发展相对滞后，贫困问题仍然较为严峻，是全国全面建成小康社会的重点、难点和短板。习近平总书记强调：“到2020年全面建成小康社会，任何一个地区、任何一个民族都不能落下。”因此，加快推进民族自治州经济社会发展，如期实现全面小康是全国全面建成小康社会的重要保障，更是贯彻落实习近平总书记重要指示精神的行动体现。

全面综合评估民族自治州发展水平，准确把握发展现状，探寻存在问题及深层次根源，进而为推进民族自治州跨越式发展和同步建成全面小康社会提供理论依据和决策参考，是民族自治州如期实现全面小康的重要理论支撑和保障。因此，民族自治州发展评估与同步小康对策研究既是一项重要的课题，同时更是科学研究工作者的责任担当。国家民委民族理论政策研究室高度重视民族自治州经济和社会发展的研究工作，委托中南民族大学课题组分别对民族自治州 2004 年、“十一五”、2012 年、“十二五”发展水平进行综合评估，前期研究成果出版后取得了较好的社会反响，因此特将“十二五”期间民族自治州发展评估与同步小康研究成果出版，以供相关工作部门参考和其他学者借鉴。

本书在编撰和修改定稿中集聚了编著组成员的辛勤工作和大量心血，各部分编著者如下：第一章，耿新、李俊杰；第二章，李波、刘丽娜；第三章，马楠；第四章，王鑫、金军；第五章，李波；第六章，李俊杰、刘丽娜；第七章，耿新、吴宜财。付寿康、陶文庆、吴启凡、李晓鹏等负责研究数据的收集工作。此外，更为重要的是得到了国家民委民族理论政策研究室以及其他相关部门提供的资料、数据等方面的支持，在此一并致以最诚挚的谢意！同时也非常感谢民族出版社编辑给予的诸多修改意见与在本书出版中辛勤的工作！

虽然自信本书的研究内容对准确把握民族自治州发展水平和实现同步小康工作具有一定的现实启发性和理论指导性，然而编著组更深知本书的研究尚不十分完善。读者对于本书的疑问之处，欢迎以来信、来电等各种方式与编著组商榷，同时编著组也期望能够与广大学者们就上述研究方面开展广泛深入的合作研究！

图书在版编目(CIP)数据

“十二五”期间我国民族自治州发展评估与同步小康研究/李俊杰等编著.—北京:民族出版社,2018.5
ISBN 978-7-105-15369-5

Ⅰ.①十… Ⅱ.①李… Ⅲ.①民族地区—自治州—社会发展—研究—中国—2011-2015 Ⅳ.①D63

中国版本图书馆CIP数据核字(2018)第100081号

策划编辑:虞 农
责任编辑:张 华
封面设计:金 晔
出版发行:民族出版社
地 址:北京市和平里北街14号
邮 编:100013
网 址:http://www.mzpub.com
印 刷:北京中石油彩色印刷有限责任公司
经 销:各地新华书店经销
版 次:2018年6月第1版 2018年6月北京第1次印刷
开 本:880毫米×1230毫米 1/32
字 数:140千字
印 张:5.5
定 价:22.00元
ISBN 978-7-105-15369-5/D·3011(汉468)

该书如有印装质量问题,请与本社发行部联系退换
汉文编辑一室电话:010-64271909 发行部电话:010-64224782